KB267834

한 시간에 끝내는
예산작성 실무와 실제

발행일	2015년 12월 11일

지은이	강필종·이병섭		
펴낸이	손 형 국		
펴낸곳	(주)북랩		
편집인	선일영	편집	김향인, 서대종, 권유선, 김성신
디자인	이현수, 신혜림, 윤미리내, 임혜수	제작	박기성, 황동현, 구성우
마케팅	김회란, 박진관, 김아름		
출판등록	2004. 12. 1(제2012-000051호)		
주소	서울시 금천구 가산디지털 1로 168, 우림라이온스밸리 B동 B113, 114호		
홈페이지	www.book.co.kr		
전화번호	(02)2026-5777	팩스	(02)2026-5747
ISBN	979-11-5585-838-7 13320(종이책)		979-11-5585-839-4 15320(전자책)

이 도서의 국립중앙도서관 출판예정도서목록(CIP)은 서지정보유통지원시스템 홈페이지(http://seoji.nl.go.kr)와
국가자료공동목록시스템(http://www.nl.go.kr/kolisnet)에서 이용하실 수 있습니다.
(CIP제어번호: CIP2015034026)

성공한 사람들은 예외없이 기개가 남다르다고 합니다.
어려움에도 꺾이지 않았던 당신의 의기를 책에 담아보지 않으시렵니까?
책으로 펴내고 싶은 원고를 메일(book@book.co.kr)로 보내주세요.
성공출판의 파트너 북랩이 함께하겠습니다.

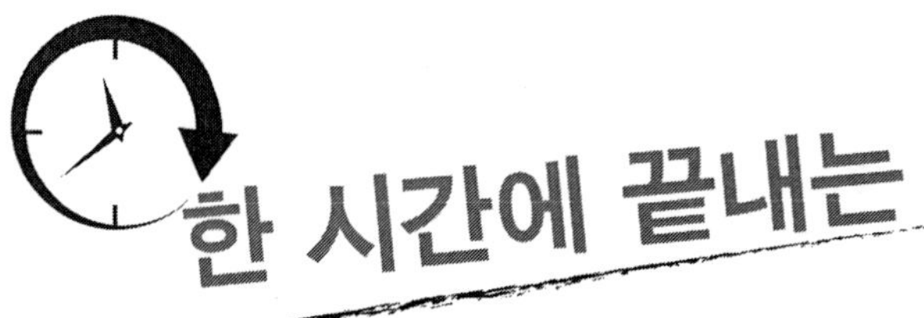

예산작성 실무와 실제

강필종·이병섭 공저

book Lab

서언

　예산을 작성하는 많은 분들은 현장에서 예산작성에 필요한 자료를 적시에 제공받지 못하는 상황에서 수시로 변동하는 국내외 정세와 기업 현황을 정확히 반영하여 회사의 예산과 경영계획을 작성하는 데 큰 어려움을 느끼고 있다.

　우리는 지금도 기업 내의 많은 직원들이 경영자료와 기타 분석 업무에 매달리면서 경영자가 요구하는 납기와 품질을 맞추지 못하고 밤을 지새우며 고생하는 모습을 흔히 볼 수 있다. 대내외 경제 여건 변화로 새로운 지침과 조정된 목표가 내려오고 다시 재작업을 해야 하는 상황들, 회사가 요구하는 예산의 마감일과 납기일을 맞추기 위해 예산 자료의 품질을 포기해야 하는 상황들도 자주 목격된다. 더구나 요즘에는 적시에 정확한 자료를 제공해서 신속한 경영 판단을 내려야 하는 속도 경쟁이 요구되고 있다.

　이러한 현실과 문제점을 해결하고 기업의 경쟁력을 한 단계 업그레이드하고자, 저자는 『예산작성 실무와 실제』를 집필하면서 직접 개발한 예산작성 시스템(Budget Builder) 6가지를 국내외 산업 및 경영계에 자신감 있게 공개한다.

　적어도 예산 분야에서는 국내에서 저자만큼 많은 실전 경험과 이론을 집대성한 사람이 없을 것이라는 자부심으로 집필하였으며, 관심 있는 분들로부터 현장의 목소리를 지속적으로 청취하여 보다 앞선 예산 시스템으로 계속 발전해 나갈 것이다.

예산작성 시스템은 1. 예산(Budget), 2. 예산관리(Rolling Forecast), 3. 현금관리(Cash Management)로 구성되어 있으며, 이 3가지의 모듈이 연동되어 작동하거나 필요에 따라 독립적으로 가동할 수 있도록 설계되었다. 하지만 프로그램이 방대하여 현금관리만은 분리하여 별도로 제시하고자 본 책자와 부록의 프로그램은 예산과 예산관리(사후 예측관리)만을 기술하고 소개하였다.

본 예산작성 시스템에는 우리나라의 어떤 ERP나 경영정보시스템에서도 구현하지 못한 재무 및 경영관리 내용이 들어 있으며 단순성, 속도성, 편리성, 다양성, 효율성 측면에서 뛰어난 강점을 가진, 국내외 어느 시스템과도 비교할 수 없는 차별적 시스템임을 강조하고 싶다.

본 예산작성 시스템은 회사의 사장 혹은 경영간부 1인만으로도 회사가 목표하는 경영계획이나 예산안을 짧은 시간에 작성할 수 있으며, 약 90페이지에 달하는 다양한 예산과 사후관리를 더욱 편리하게 지원한다. 특히 수정과 시뮬레이션이 용이하며 시스템을 사용하는 과정에서 사용자가 예산뿐 아니라 재무회계 전반과 경영이론을 섭렵할 수 있는 전문가로 변신할 수 있는 실전 경영 및 MBA 과정(Practical Management & MBA Course)의 축소판이다.

기업의 종류와 특성은 너무 다양하기 때문에 모든 기업에 적용할 수 있는 범용적인 예산 프로그램을 설계하기는 불가능하지만, 그래도 가장 표준적인 예산이며 선진경영의 요구조건을 모두 수용하였기에 사용자가 자신의 특성에 맞게 약간의 수정이나 조정을 가하면 자신에게 적합한 예산 시스템으로 재탄생할 수 있으리라 믿는다.

독자 및 예산 프로그램 사용자의 관심과 기대속에서 예산작성 시스템을 지속적으로 업그레이드해 나갈 수 있도록 격려와 편달을 부탁드린다.

2015년 10월
대표저자 강 필 종

목차

사업계획(Business Plan)과 예산(Budget)

사업계획

사업계획(예산)이란 기업의 영업내용을 종합적으로 기술한 것을 말한다.

다시 말하면 제품, 서비스, 기술, 시장과 고객, 마케팅전략, 인사관리, 조직 그리고 자금의 조달과 운영 등 전반적인 사항을 세밀하게 규명하여 제시하는 보고서이다.

사업계획(예산)은 과거와 현재도 기술하여야 하지만, 본 계획의 주요 목적은 기업의 미래를 금전적으로 나타내는 것으로, 일반적으로는 중장기 사업계획(3~5년)을 세우고1년 단위로 국내외 경제환경과 기업여건을 반영한 정확하고 보다 현실성 있는 1년 단위 예산으로 업데이트(update)해 나가는 것이다.

물론 업종에 따라 그 작성과 시행방법에는 차이가 있을 수 있다. 만일 사업계획이 벤처기업이나 자금 및 투자를 조달하는 목적으로 만들어질 때는 투자자의 관점에서 관심을 끌 수 있는 사업계획안이 되어야 하며, 내부 경영전략의 목적이라면 경영자의 관점으로 작성되어야 한다.

사업계획과 예산의 차이

사업계획과 예산의 구별은 쉽지 않다. 예산을 사업계획이라고 하기도 하고, 어떤 때는 사업계획을 예산이라고 하는 게 통설이다.

엄밀히 말하면 사업계획이 보다 광범위한 의미를 가지고 있는 것은 그 용어에서도 느낄 수 있다. 사업계획은 예산을 포함할 수 있지만 예산은 그러하지 못하기 때문에 사업계획은 광의의 뜻이며 예산은 협의의 뜻으로 해석 될 수 있다.

예산은 기간 개념이 구체적으로 명기되어야 하며 재무적인 변동에 보다 유연하게 대처 할 수 있도록 작성되어야 하는 것이 사업계획과 다른 부분이며, 재무적인 부분이 보다 구체적으로 지원되어 매출, 수입 그리고 그에 대응한 비용을 만들어 회사의 목표경영을 강력히 지원하는 것이다.

사업계획과 예산의 필요성

사업계획(예산) 작성의 필요성은 여러 가지가 있겠으나 일반적으로 가장 중요한 8가지 내용으로 압축할 수 있다.

1) 기업의 운영과 재무를 전반적 관점에서 접근하여 검토할 기회를 만드는 것이다.

2) 사업계획(예산)을 작성하는 동안에 회사의 주요 현안을 재검토할 수 있다. 즉 고객과 시장을 보다 정확하게 규명하고 제품가격, 품질, 서비스 그리고 경쟁력 (성)을 다시 한 번 생각해보게 한다. 예산은 이러한 고려사항과 검토내용을 회사의 이익과 연관하여 균형 있게 조정하는 것이며, 기회와 위험요인도 파악하는 것이다. 이러한 일련의 과정에서 사업을 성공시킬 수 있는 경영능력을 도상연습(사업계획 작성)을 통하여 함양시켜주는 것이다.

3) 조직 구성원과의 상호 이해와 공동 목표의식을 고취시킬 수 있다. 사업계획(예산)에 참여하여 작성하는 과정에서 서로를 이해하며 부서간 갈등을 조정할 수 있게 된다.

4) 자금의 수요를 보다 선명하게 규명할 수 있다. 자금 수요의 내용과 필요 시기를 알 수 있다는 것은 자금공급(Funding Source)을 보다 적절하게 효과적으로 조달할 수 가 있다는 뜻과 같다.

5) 주주와 이사회가 사업계획(예산)에 점차 관심을 가지고 예산을 승인하거나 관여하고자 하는 기업들이 점차 증가되고 있는 추세에 있다.

6) 전사적인 목표의식을 종업원에게 고양시키고 적극적으로 참여하게 만들어 동기부여와 단합된 기업문화 효과를 부수적으로 얻게 된다.

7) 이해관계자(주주, 투자자 등)에게 회사를 잘 알리고 협조를 구할 수 있다.

8) 신규 사업과 투자자 유치에 요구되는 필요 자료이다.

사업계획(예산)의 고객

사업계획(예산)안의 주요 고객은 주주, 투자자, 경영인, 회사간부 등 기업 주변의 여러 이해관계자가 있겠지만, 무분별하게 공개할 수도 없는 문제가 있기 때문에 회사의 기밀정보나 공개가 되어서는 아니 되는 자료는 분리되고 정보 보안이 적절히 관리되어야 할 것이다.

05

사업계획(예산)안 작성

1. 사업계획(예산)안 작성은 업종과 회사 규모에 따라 크게 다를 수 있다.

소기업은 사장이나 임원이 예산을 직접 작성하는 경우가 있지만, 중규모 이상 기업에서는 각 조직의 구성원이 참여하여 그 조직이나 각 부서가 수행하고 책임져야 할 일들과 목표에 따라 직·간접적으로 참여하여 작성하게 된다.

따라서 사업계획(예산) 작성의 선진기법과 부서간의 협조체계가 요구되며, 이는 사업계획(예산) 작성의 성공 여부와도 연결된다. 가장 키 포인트(Key Point)가 되는 예산 작성 요령은 먼저 전체적인 사업계획(예산)안 작성에 대한 프로세스의 정립과 사업계획 및 예산을 주관하는 부서와 사업계획 및 예산담당 책임자의 선정을 먼저 하여야 한다.

이는 참여하는 모든 구성원이 체계적으로 각기 해당하는 예산안의 일부를 할당받아 자료를 작성하여 제공하면 이를 모두 취합하고 조정을 거쳐 추구하는 이익목표로 도달케 하는 프로세스의 주무부서 및 책임자를 정립하는 것이다.

2. 예산 작성 단계별 프로세스

중장기 사업계획이 만들어져 있는 기업은 전년도 실적을 업데이트하고 변화된 국내외 경제여건과 기업목표를 수정하는 선에서 비교적 간단히 끝날 수 있다.

그러나 새로이 예산안을 작성하여야 하는 기업에서는 적어도 아래와 같은 필요한 단계를 거쳐야 한다.

(1) 현 상황 파악및 규명

현재 회사의 위치는 어디에 있는가? 우리의 약점과 강점은 무엇이며, 우리가 해야 할 것과 하지 말아야 할 것, 그리고 과거에 경험한 실패는 무엇이며, 우리가 지향하여야 할 목표는 무엇인가?

(2) 미션(Mission) 규명

① 비전(Vision), 미션, 회사의 정책, 경영전략 및 마케팅전략은 무엇인가?

② 우리는 어떤 사업을 영위하고 있는가?

③ 무엇을 가장 잘할 수 있는가?

④ 누구에게 무엇이 필요하며 우리는 그것을 어떻게 줄 것인가?

⑤ 우리는 어떤 수익을 가장 잘 창출할 수 있나?

(3) 예산작업 준비

예산담당 부서, 예산담당 책임자 선정, 그리고 참여인원, 일정계획, 기본정보 취합 방법과 양식을 포함한 제반 절차를 준비하여야 한다.

⑷ 목표 설정

이익목표, 판매목표, 생산성 증가, 원가절감계획, 신제품 및 기술개발 등에 관한 기본방향과 목표 설정이 요구된다.

⑸ 사업계획(예산) 작업 진행

마케팅, 판매, 기술개발, 제조, 운영, 자금 등을 모두 조화롭게 통합하는 절차가 필요하다.

⑹ 개인 목표 설정

사업계획(예산) 작업에는 회사의 이익목표 중심이지만 개인의 목표관리도 병행하는 것이 바람직하다. 영업책임자의 개인 목표, 생산책임자의 개인 목표 등 이러한 목표관리는 향후 인사고과에 도움을 주며 회사의 전반적인 관리수준을 한 단계 업그레이드시킬 수 있다.

⑺ 사업계획(예산) 사후관리

성공적인 사업을 위해 예산 작성보다 더 중요한 것은 예산의 집행과 사후관리이다.

지속적인 피드백과 목표이익을 위한 활동계획(Action Plan)은 예산집행 기간 동안에 부딪치는 모든 변화에 적극적으로 대처할 수 있다.

기업 운영(Operation)이란 항시 기회와 위기가 공존하며, 계속 발생되고 소멸한다. 사후관리는 이러한 기회와 위기를 효과적으로 경영해 나가는 것을 말한다.

06

사업계획과 예산의 유형

사업계획(예산)의 유형은 사용 목적이나 아래와 같은 기업여건에 따라 그 구성과 내용이 달라진다.

1) 사용 목적

2) 사업의 현재 단계(창업, 성숙, 철수, 폐쇄 등)

3) 산업 및 업종

4) 회사 규모

5) 자금사정

6) 회사의 법률적인 지위 (주식회사, 개인회사, 1인 주주 등)

07

사업계획(예산) 기간

사업계획(예산)은 언제 작성하여야 하는 것인지, 사업계획(예산)의 기간은 얼마로 하여야 할 것인지(6개월, 1년, 3년, 5년 등)에 대하여 많은 의견이 있으나 정답은 없다고 할 수밖에 없다.

그러나 일반적으로 회사는 자신의 손익분기점, 경영진의 교체기간, 프로젝트 기간, 제품개발기간, 마케팅과 시장점유율에 소요되는 기간 등을 반영하여 자신에 적합한 합리적인 기간과 시기를 선택하면 된다.

일반적으로 특별한 업종과 기업을 제외하고는 통상 1년 단위의 예산과 3~5년 단위의 중장기 계획이 주로 사용되는 추세이며, 작성시기는 매년 빠르면 9~11월, 늦으면 11~12월 사이에 작성한다.

중장기 사업계획기간은 주로 5개년으로 하는데, 이의 근원은 러시아 소비엔트연방의 경제개발계획이 5년간 단위로 작성되어 전 세계에 전파되었고, 한국도 60~70년대 경제개발계획을 5년 단위로 시행하여 오늘날 한국경제 근대화의 초석이 되었음을 고려하면 5년을 일반적인 중장기 사업계획 기간으로 이해하여도 무리가 없다.

08

사업계획(예산)의 구성과 내용

사업계획(예산)에는 적어도 회사의 미션, 목표시장과 고객, 제품과 서비스, 경쟁력 그리고 기술, 회사의 설비현황과 조직, 종업원 등 다양한 목표와 내용이 기술되어야 한다.

1. 사업계획(예산)의 기본적인 8가지 목차는 다음과 같다.

(1) 요약(Executive summary)

(2) 배경(Background)

(3) 제품과 서비스(Products and services)

(4) 시장과 고객(Markets and clients)

(5) 운영과 조직(Business operations and organization)

(6) 인력(Human resources)

(7) 특허 및 법률관계

(8) 자금계획(Financial planning)

(9) 첨부(Appendices)

① 제품명세

② 자산명세 및 평가

③ 감사보고서

④ 특허권 및 자격증

⑤ 대표이사 이력서

⑥ 시장조사

⑦ 기타 관련 문서

2. 중장기 사업계획을 작성한 국내 ○○회사의 목차 내용을 참고하면 다음과 같다.

(1) 사업방향

① 현재 상황

② 목표

③ 운영

④ 전략

(2) 회사소개

① 법률적 지위

② 경영자

(3) 제품정책

① 제품

② 연구와 개발

(4) 시장분석

① 시장의 정의

② 고객 및 거래처

③ 경쟁업체

④ 위험도

(5) 마케팅 계획

① 판매정책

② 유통망

③ 광고 및 판촉

④ 공익

(6) 재무계획

① 재무제표 요약

② 소요자금

③ 투자회수

(7) 결론

(8) 첨부

각종 재무 관련 보고서

① 자본적 지출(투자계획) 보고서

② 자금조달 및 운용계획서

③ 5년간 매출계획과 시장

④ 5년간 재료비 계획

⑤ 5년간 비용지출 보고서

⑥ 5년간 손익계산서

⑦ 5년간 제품별 손익계산표

⑧ 5년간 대차대조표

⑨ 5년간 영업활동 현금흐름표

⑩ 손익분기점과 재무전략 시뮬레이션(Simulation)

⑪ 재무 경영분석

⑫ 경영분석 비율표

⑬ 기회와 위험요소 영향분석

기타 첨부서류

① 사업계획 요약 보고서

② 사업계획서 목차

③ 기업가치 평가서

④ 신용 종합 평가서

⑤ 종합경영 평가서

⑥ 주요 지표 차트(Chart)

⑦ 제품정보

⑧ 기술과 개발계획

⑨ 제품생산 공정도

⑩ 공장 레이아웃(Lay-Out)

⑪ 경영진 이력서

제1장에서는 사업계획 예산에 대하여 전반적인 개념과 차이를 규명하였고, 사업계획에 초점을 두고 일반적인 개념을 설명하였다. 본 장에서는 보다 협의의 뜻을 가진 예산(Budget)을 중심으로 설명하고자 한다.

예산(Budget)

01

예산이란 무엇인가?

회사 및 경영자의 목표를 중심으로 현업부서의 의견을 모아 기업의 전체적인 관점에서 통합적인 계획을 계수화하여 미래의 일정 기간 동안 회사의 목표달성을 위한 금전적인 수치를 중심으로 작성되는 경영계획을 말한다.

종합예산(Master Budget)에는 일정 기간 동안의 판매, 생산, 구매, 순이익, 현금흐름, 재무상태 등을 총망라하여 기업의 이익계획을 구체화하고 표현 한 것이다.

02

예산(Budget)과 예측(Forecast)의 차이점은 무엇인가?

예측은 현재의 상황, 자료를 바탕으로 미래에 대해 추정하는 것으로, 예산의 출발점이자 근거가 된다.

예산은 미래에 어떠한 상황이 발생하여야 함을 의도적으로 구체화하고 의지를 반영시키는 것이라고 할 수 있다. 다르게 표현하면 예측은 첩보이며, 예산은 정보에 해당한다.

03

예산관리란 무엇인가?

　편성된 예산안을 중심으로 각 부문의 활동을 조정하고 실시활동을 통제하는 계수관리를 통하여 목표이익에 도달하고자 하는 경영 수단이다. 경영 수단인 예산관리를 6가지 기능으로 압축하면 다음과 같다.

1) 과학적이고 합리적으로 금전적인 계수 편성

2) 계수적 경영관리 수단

3) 전사적인 참여경영 수단

4) 현업부서의 상호 의견 피드백

5) 부문활동을 상호연계하고 조정하는 유기적인 생명체로 유지하는 수단

6) 실시활동을 통제하는 목적

04 예산의 종류

1) 종합예산과 부문예산

2) 정규예산과 특별예산

3) 기간예산과 프로젝트 예산

4) 단기예산과 장기예산

5) 영업예산과 재무예산(현금예산)

6) 고정예산과 변동예산(탄력예산)

용어만으로도 쉽게 그 의미를 짐작 할 수 있으리라 믿어 본 장에서는 실무위주의 예산 특성상 예산 종류의 세부적인 내용 설명은 생략한다.

예산의 순기능과 역기능

예산의 순기능과 역기능, 즉 장점과 단점을 열거하면 다음과 같다.

어떤 경영 수단이나 방법론에는 장점과 단점은 있기 마련이며, 예산의 순기능과 역기능은 필히 알아두어야 할 항목이다. 만일 역기능의 문제점을 최소화시키거나 제거 할 수 있다면 예산제도의 성공적인 정착은 저절로 이루어질 것이다.

1. 예산의 순기능

(1) 경영계획에 대한 기초자료 제공: 계획 기능

(2) 목표달성과 실적 평가에 대한 기준치 제공: 통제 기능

(3) 상하 간에 의사를 파악할 수 있는 의사소통 수단

(4) 조직 전체의 활동을 조정하는 역할: 조정 기능

(5) 조직구성원의 이해와 동기유발

2. 예산의 역기능

(1) 경영 간부들에게 심적 부담감: 예산 달성 강요

(2) 재무적 관점에 중점을 두어 실제와 다른 숫자의 조작 개연성: 성과 조작

(3) 회사의 장기목표와 이익에 상반될 수 있는 단기목표와 단기적 성과에 집착

(4) 확보된 예산에 대하여 안주하는 여유: 예산 여유

제2장

예산(Budget)

06

예산과 관리회계

기업의 회계는 재무회계와 관리회계로 구분되며, 예산은 관리회계의 중심에 있다. 따라서 재무회계와 관리회계의 차이를 한 번 더 숙지할 필요가 있어 아래와 같이 정리된 내용을 옮겨보았다.

일반회계와 관리회계의 차이

구분	일반회계	관리회계
사용자	경제적 의사결정에 유용한 회계정보 제공	내부경영 제반 결정에 유용한 재무정보
	기업 외부 이해관계자 (주주, 채권자, 투자자, 정보)	기업 내부 관계자(경영자)
보고서	외부공시 및 일반 목적의 재무제표	내부 및 특수목적에 부합한 재무정보표
특징	기업회계기준 등 일반적이고 객관성 강조	내부 경영목적 및 주관적인 경영정보 강조
내용	과거의 정보	과거와 미래 정보
	화폐적 정보	비화폐적 정보도 포함
	기업 전체의 종합적인 정보	부문별, 제품별, 목적별 세부 및 구분정보
	객관적이고 정확한 정보	주관적이고 추정 및 의지가 포함된 정보

07

참여예산(Participative Budgeting)

　회사의 부서(부문) 관리자와 중간간부들을 포함하여 전 직원이 회사의 예산편성에 직접 혹은 간접적으로나마 참여할 수 있도록 하는 수단으로서 참여를 통하여 의사소통, 사기 진작, 창의력, 집단 응집성, 동기부여 등을 모색할 수 있는 예산 제도이다.

　직원 전체를 회사의 목표에 자발적으로 참여하게 하는 데 의미가 있는 것으로, 장점도 많지만 단점도 있으며, 장 단점을 열거하면 아래와 같다.

1. 장점

1) 종업원들에게 목표의 적합성을 높이게 한다.

2) 종업원들에게 자아몰입을 증진시키고 예산목표의 수용의지를 증진시킨다.

3) 예산목표 달성의 유인을 갖는다.

4) 소속감을 증대하여 집단 응집력이 증대된다.

5) 종업원들이 예산목표를 공정·타당한 것으로 인식한다.

6) 종업원들이 스스로 통제 정도를 높이게 된다.

7) 보다 많은 정보의 활용으로 예산편성을 객관적이고 구체화할 수 있다.

8) 종업원들의 책임의식이 높아진다.

2. 단점

1) 예산편성에 많은 시간이 소요될 수 있다.

2) 유사참여나 비자발적인 참여인 경우는 역기능이 발생한다.

3) 환경변화에 의한 탄력성이 낮을 수 있다.

4) 여유예산을 편성하거나 비용이 증대될 가능성이 있다.

따라서 이러한 단점을 최대한 보완하고 장점을 잘 살린다면 권고해볼 만한 예산 제도이다.

08

제로베이스 예산

1. 제로베이스 예산의 의미

제로베이스 예산이란 이름 그대로 예산작성의 기본 개념을 '0' 베이스로 시작한다는 뜻이다.

어떠한 선입관이나 과거 실적, 관행 및 고정관념을 전혀 고려하지 않고 순수하게 필요에 따라 소요예산을 요구하며, 요구된 예산의 기대성과를 결과치로서 산출하여 분석하고 예산을 책정하는 예산 제도이다. 예산의 요청자는 일반 예산에 비하여 예산 대비 기대성과를 달성하여야 하는 책임감을 더 느끼게 된다.

2. 제로베이스 예산의 역사

제로베이스는 산업계에서는 미국의 텍사스 인스트루먼트(Texas Instrument)㈜에서 가장 먼저 도입하였고 국가기관으로는 미국 지미 카터 대통령 시절에 국무부에서 처음 도입하였다.

한국에서도 일부 기업에서 제로베이스 예산을 도입한 적이 있으나, 새로운 시스템일수록 그에 대한 준비와 예산 개념이 보다 확고히 정립되어야 하기에 아직 한국에서는 제로베이스 도입 및 예산 편성이 확산되지 못하고 있는 실정이다.

3. 제로베이스 예산의 특징

(1) 매너리즘 경영에서 탈피할 수 있다.

(2) 연결사고에서 단절된 사고로 전환하는 계기가 된다

(3) ZBB(Zero Base Budget, 제로베이스 예산)는 곧 ZBR(Zero Base Revolution, 제로베이스 혁명)로 전개될 수 있는 획기적인 개념이다.

(4) 예산의 고정관념을 탈피할 수 있다.

(5) 과거 실적을 무시하거나 전혀 고려하지 않아도 된다.

(6) 필요에 의하여 목표, 목적에 따라 조직과 운영체계를 재구성할 수 있다.

(7) 비용, 효과 분석에 의한 성과경영 발상이 가능하다.

(8) 제로예산 패키지 제안표에 의한 동일한 평가기준으로 경영자원 할당을 효과적으로 한다.

(9) 간접비의 획기적인 절감대책이 가능하다.

(10) 고정관념을 벗어나 인원의 이동과 전환배치, 축소 및 확장이 가능하다.

(11) 모든 예산에 대해 그 필요성을 입증하고 심사 분석하여 우선순위별

로 선택할 수 있는 예산 결정 패키지(Decision Package)를 작성한다.

예산 결정 패키지 양식					
예산 결정 패키지의 내용		부서명			
		날짜			
프로그램 명		작성자			
우선순위번호		레벨			
목적					
법률상 요구되고 있는것인가?(Y/N)					
활동계획 내역					
첨부서류:					
예측되는 성과 설명					
성과내역		금액	상세 설명난		
	매출액기여		상세 설명		
	수익기여		상세 설명		
	원가절감기여		상세 설명		
	총 기여액 합계		= 총기여액/총지출액		
대체안(다른 방법이 있다면)					
본 예산이 승인이 안될 경우, 문제점					
예산편성의 세목					
내용	비용항목	금액	책임자	기간시작~종료	
직급별 내용	인원	추정금액	책임자	기간시작~종료	
승인자		직책		승인날짜	

* 레벨이란 하단위(과), 중간단위(부), 상단위(본부)로 구분되며 상위단위에서 집계한다.

4. 제로베이스 예산과 전통적인 예산의 차이

제로베이스 예산과 전통적인 예산의 차이를 9가지 관점에서 정리하여 보면 아래와 같다.

ZBB와 전통적인 예산의 차이 분석

차이점	전통적인 예산	제로베이스 예산
특징	예산이 얼마인가?	왜 필요한가?
본질	회계 중심	의사결정 중심
접근	지출 내역에 접근	목표 달성에 접근
초점	지출 변화 내역을 파악	비용 대 혜택(성과)을 파악
소통	수직적인 소통	수직과 수평 쌍방향 소통
방법	전년도 실적을 근거로 미래 추정	성과 중심에 근거해 의사결정 패키지로 추정
결정방법	전년도 수익과 비용 분석	우선순위 결정
편성기법	각 부문의 사업 활동을 패키지에 기술, 우선순위 결정, 통합과 조정을 통해 예산 편성	전년도 지출기준을 기준, 물가상승률과 신규사업 그리고 목표액을 반영, 통합과 조정을 통해 예산 편성
조직 내의 영향	예산작성 패키지의 내용에 대한 책임이 부여되는 실제적인 예산	연례행사의 숫자맞춤예산으로 책임 관계가 불분명

5. 제로베이스 예산의 장점과 단점

장점

① 각종 예산 프로그램의 정당성에 따라 자금을 배분

② 낭비적인 부분과 생산적인 부분을 규명하기가 용이

③ 경영자가 자원을 합리적이고 최적으로 사용할 수 있음

④ 매년마다 제로베이스로 시작하기에 예산의 탄력성이 높음

⑤ 경영자가 각종 프로그램의 패키지를 분석하고 평가할 수 있게 함

단점

① 비재무적인 부분에는 분석할 방법이 취약함

② 각 예산 프로그램 패키지의 우선순위를 결정하고 선정하는 데 경영자가 해당 분야의 전문가가 아닌 경우 어려움이 있음

③ 교육과 훈련이 필요함

④ R&D의 경우 성과와 실적을 입증하기가 어려워 R&D 예산 편성이 어려울 수 있음

⑤ ZBB 예산의 시행은 작성과 준비 그리고 시행 후 분석 등에 의해 전통적인 예산보다 시간과 비용이 증가될 수 있음

6. 제로베이스 예산의 단계별 추진방향

1단계 DP(Decision Program)에 의한 제안표 작성

2단계 DP의 평가(철저한 효과와 비용분석 기준)

3단계 DP의 선택

4단계 비용예산의 편성(경영자원 배분)

1) 1단계에서 실시 단위부서와 레벨을 정하고 목표 설정과 필요한 자원 그리고 기대효과를 열거하여 DP 양식에 따라 그에 대한 입증자료 및 대체 방안을 제시한다.

2) 2단계에서 전달된 DP를 평가하고 비용 대 기대효과를 분석한 후

3) 3단계 DP에서는 우선순위에 따른 선택과 결정을 하게 된다.

4) 4단계는 선택된 DP를 집계하여 예산안을 통합, 작성하는 마무리 절차이다.

제로베이스 예산은 과거의 실적이나 일반적인 운영, 매출과 비용의 전통적인 개념을 탈피한 혁신적인 혁명 예산인 바, 철저한 연구와 사전 준비 없이는 시행착오가 발생할 수가 있기 때문에 충분한 검토와 예측되는 문제점에 대한 대비책을 가지고 제로베이스 예산 제도를 도입하거나 실행해야 한다.

본 장에서는 예산 작성의 학술적이거나 이론적인 측면보다는 실제적인 실무로

접근하여 예산 작성에 효과적인 도움을 주고자 편성되었다.

예산작성 실무

01

예산편성 전제조건

예산편성에 요구되는 필요충분조건은 아래의 4가지로 정리된다.

1) 전체적인 조직목표가 구체적으로 제시되어야 한다.

2) 조직목표는 상위목표와 하위목표로 체계화되고 유기적으로 조화가 이루어

   져야 한다.

3) CEO의 적극적인 관심과 지원이 있어야 한다.

4) 예산은 피드백 절차와 성과평가 절차가 있어야 한다.

02

예산편성 단계별 절차

예산 작성을 성공적으로 수행하는 단계별 절차와 요령은 다음과 같다.

(1) 예산 작성을 위한 일정계획과 방침을 수립하고 경영진의 승인 취득

(2) 예산편성 방침과 일정계획을 각 부서로 전달

(3) 예산 작성을 위한 예산정보를 열거하고 각 부서별로 업무 할당

(4) 예산정보 중 현업부서의 협조와 참여가 필요한 자료는 양식을 복사하고 첨부

하여 아래의 요령으로 정보를 요청한다.

① 현업부서에 제출일자를 명기하여 송부

② 영업부: 매출정보

③ 구매부: 재료비/구입상품

④ 전 부서: 투자정보

⑤ 인사부: 인건비와 인원정보

⑥ 전 부서: 제조경비와 일반관리비

⑦ 재무/기획부: 예산의 기초자료를 위한 예산 직전연도 연 마감 혹은 가마감

자료

(5) 경리/재무부서는 예산 작성을 위한 일정계획 통보를 받은 날로부터 가장 가

까운 달의 월 마감 자료와 연말까지의 추정자료(재무제표)를 작성하여 예산

주무부서에 제출

⑹ 예산 주무부서는 마감된 혹은 추정된 현재 연도의 재무제표나 필요 정보를

해당부서에 즉시 통보

⑺ 현업의 각 부서는 예산 주무부서로부터 할당된 예산 관련 자료를 작성 완료

하여 경영진의 결재를 득한 후 예산 주무부서로 송부

⑻ 예산 주무부서는 각 부서로부터 자료를 받아 예산 작성 시스템에 입력

⑼ 예산 작성 후 경영진에 결과 보고를 한 다음 새로운 지침 및 조정사항을 하달

받고 재작업

(10) 예산 및 세부적인 손익개선안 작성을 현업에 요청하고 접수

(11) 재작업 후 경영진에 보고한 다음 가승인과 간부회의 혹은 이사회에 상정한

후 예산안 추인

(12) 전사적인 예산연도의 목표달성을 위한 예산 발표와 단합대회를 개최하여 목

표의식을 고취시킴

(13) 예산 완료를 확인하고 예산안을 현업에 통보하거나 회사의 시스템에 입력

상기 13단계를 거쳐 작성된 예산안을 회사가 운영하고 있는 회계 시스템이나 예산 시스템 혹은 ERP에 입력함으로써 예산작업은 완료된다.

예산 목표 설정과 회사의 목표정책

예산안에 대한 목표 설정과 회사의 목표 이익계획을 위하여는 예산편성의 준비단계로 다음과 같은 자료 작성이 요구된다.

1. 매출목표를 정한다.

(1) 매출증가율을 얼마로 할 것인가?

(2) 현재 시장점유율은 어떠하며, 얼마를 증가시키고, 시장점유율 목표는 얼마인가?

2. 목표 영업이익을 정한다.

(1) 영업이익률(Return of Sales)은 얼마를 할 것인가?

(2) 영업이익(Operating Income)은 얼마를 할 것인가?

(3) EBITDA는 얼마를 할 것인가?

3. 목표 수익성과 유동성을 정한다.

(1) 재고 회전율은 얼마로 할 것인가?

(2) 매출채권 회전율은 어떻게 할 것인가?

(3) 조업도 및 가동률은 어떻게 할 것인가?

4. 현금흐름의 목표를 정한다.

(1) 연, 월별로 목표 잉여 현금흐름액을 정한다.

(2) 현금흐름에 부정적인 영향을 주지 않는 한도 내에서 투자금액을 정한다.

5. 목표 설정 후 세부적인 손익 개선계획을 세우고, 구체적이고 시간개념이 있는 목표 추진계획서를 작성한다.

(1) 매출목표: 어느 부서가 무엇을, 어떻게, 언제 할 것인가 하는 실천 계획안을 작성하고 승인한다.

(2) 영업이익: 어느 부서가 무엇을, 어떻게, 언제 할 것인가 하는 실천계획안을 작성 하고 승인한다.

(3) 현금흐름: 어디에서 현금흐름을 개선할 것인지, 어느 부서가 무엇을, 어떻게, 언제 할 것인지 실천계획안을 작성하고 승인한다.

6. 현실적이고 실현 가능한 합리적인 매출계획과 전략을 설정한다.

(1) 과거의 매출액을 아래와 같이 분석하고 파악한다.

① 주기적 변동

② 계절적 변동

③ 우발적 변동

(2) 예산 매출액은 아래와 같이 시장분석(잠재적인 시장 파악 및 분석)을 한다.

① 질적 분석

② 양적 분석

7. 비용계획과 변동비 정책

비용계획을 설정하는 방법은 아래와 같으며, 회사의 실정에 적합한 방법을 선택하여 경비(제조 간접비, 판매비, 일반관리비)를 산출하는 지침이 되게 한다.

(1) 과거실적 기준법

(2) 목표이익 기준법

(3) 경쟁자 기준법

(4) 매출액 기준 비용예산

(5) 변동비의 변화와 추세율

(6) 비용증가의 상관관계

(7) 비용의 한도액 계산(매출총이익-목표영업이익=판매비와 일반관리비)

(8) 과거의 경험

(9) 경쟁기업의 환경

(10) 특수한 목적 및 신규사업에 요구되는 비용

(11) 지출 가능 금액

(12) 표준원가 제도하의 표준비용

8. 예산 주요 항목 기준 편성안

일반적으로 국내외 선진기업에서 사용하고 있는 예산 기준 편성안을 참고로 첨부하면 다음과 같다.

예산 주요 항목 편성안			전기	당기	업계 평균	경쟁사	목표액	
							제1안	제1안
이익 처분에 의한 방법	배당금							
	이익준비금							
	임원상여							
	내부유보금							
	목표이익							
부가 가치에 의한 방법	인건비(노동분배율)							
	세금(세율)							
	자본에 의한 배분	이자						
		감가상각비						
		이익						
총자본과 경상이익에 의한 방법	총자본 경상이익률							
	총자본 회전율	총자본회전율						
		매물채권회전율						
		재고자산회전율						
		고정자산회전율						
인적 지표에 의한 방법	1인당 매출액							
	1인당 부가가치액							
	1인당 인건비							
	1인당 경비							
	1인당 금융비용							
	1인당 경상이익							

04

재무 계획(Financial Plan)

1. 재무계획 구성

예산에는 재무계획의 비중이 가장 높을 수밖에 없으며, 그러한 재무계획은 통상적으로 아래와 같은 항목이 포함되어 구성된다.

(1) 투자계획및 투자내역

(2) 손익계산서 및 사업계획(예산)

(3) 재무상태표

(4) 현금흐름표

(5) 주요 경영분석 비율

(6) 기타 증빙 및 첨부자료

2. 주요 경영분석 비율

재무계획 중 상기 (5)항의 '주요 경영분석 비율'에 대하여 일반적으로 널리 사용되고 있는 5가지 항목은 다음과 같다.

① 유동성 비율(Liquidity ratios)

② 생산성 효율(Efficiency ratios)

③ 수익률(Profitability ratios)

④ 지불능력비율-안정성 비율(Solvency ratios)

⑤ 투자결정 항목(CAPEX Decision Data)

주요 경영분석 비율의 세부 구성과 내용은 다음과 같다.

(1) 유동성 비율(Liquidity ratios)

① 유동비율(Current ratio): 유동자산과 유동부채, 즉 회사의 유동성에 관하여 유동성 자산과 부채를 대비하여 회사의 현금화 능력과 유동부채의 지급능력을 평가하는 것이다.

② 당좌비율(Quick test ratio): 유동비율과 비슷하나 유동자산에 재고자산를 반영하지 않는 것이 특색이다.

(2) 생산성 효율(Efficiency ratios)

자산의 활용과 효율, 즉 생산성을 가늠하는 비율분석이다.

① 재고 회전율(Inventory turnover)

② 매출채권 회전율(Accounts receivable turnover)

③ 매입채무 회전율(Accounts payable turnover)

④ 고정자산 회전율(Fixed assets turnover)

⑤ 총자산 회전율(Total assets turnover)

(3) 수익률(Profitability ratios)

수익성을 중심으로 이익률 분석에 사용하는 경영분석 비율이다.

① 총자산 경상이익률

② 총자산 순이익률

③ 자기자본 경상이익률

④ 자기자본 순이익률

⑤ 매출액 경상이익률

⑥ 매출액 영업이익률

(4) 지불능력비율(Solvency Ratio)

금융기관에서 가장 관심을 많이 가지고 있는 분야는 기업의 대출지급능력이다.

따라서 지불능력비율을 기술한다는 것은 자금을 빌려주는 금융기관의 요구에 부응하기 위함이며, 기업의 재무 안정성을 나타내는 것이다. 지불능력비율은 '안정성비율'이라고 하기도 한다.

① 자본부채 비율(Debt to equity ratio)

② 자본 총자산 비율(Total assets to equity ratio)

③ 총부채 총자산 비율(Total assets to total liabilities ratio)

④ 자본구조 비율(Capitalization ratio)

⑤ 이자보상 비율(Interest coverage ratio)

(5) 투자 우선순위를 결정하는 항목

투자를 결정하는 데는 여러 가지 방법론을 동원하는데, 보편적으로 사용되는 방법은 아래의 3가지가 주류를 이루고 있다.

① 현금회수 기간법: 현금회수 기간이란 투자액이 미래에 발생되는 현금수입으로 모두 보상되는 기간을 말한다.

② 현재가치법(Net Present Value): 현재가치 방법론은 투자의 가능성 평가를 위해 사용되는 유용한 툴이다. 미래에 창출되는 현금을 현재가치로 평가하고 현재의 투자가치를 공제하면 남는 금액이 이익이다. 마이너스가 발생하면 이익 없이 손실이 발생하는 것이기에 투자를 포기하여야 한다.

현재가치 공식은 다음과 같다:

$$NPV = CF_0 /(1+k)^0 + CF_1 /(1+k)^1 + CF_2 /(1+k)^2 + CF_3 /(1+k)^3 \cdots F_n /(1+k)^n$$

CF: 현금흐름 수입

K: 할인율

n: 기간

③ 내부수익률(IRR) 법: 현금수입의 현재가치 누계가 투자액과 일치되는 시점을 말한다. 따라서 연도별 현금수입과 현재가치율(NPV) 그리고 할인율(Discount Rate %)이 요구되며, 내부수익률 공식을 도입하여 산출한다.

3. 예산 작성 시스템의 경영분석 비율표

경영비율 분석을 보다 상세하게 거의 열거하고 공식까지 표시되어 있는 예산 작성 시스템(Budget Builder)의 경영분석 비율표(샘플)는 다음과 같다.

경영비율 분석 샘플 1

명성산업(주)

2016년도 경영비율 분석						
경영비율 내용	재무비율 공식	2013년도 재무분석	2014년도 재무분석	경쟁사 비율분석	산업평균 비율 분석	권장 방향
성장성						
총자산 증가율	당기 총자산 / 전기 총자산=		118.4%			높음
유형자산 증가율	당기 유형자산 / 전기 유형자산=		112.1%			높음
유동자산 증가율	당기 유동자산 / 전기 유동자산=		119.9%			높음
재고자산 증가율	당기 재고자산 / 전기 재고자산=		134.1%			높음
자기자본 증가율	당기 자기자본 / 전기 자기자본=		206.8%			높음
매출액 증가율	당기 매출액 / 전기매출액=		131.1%			높음
수익성						
총자산 경상이익률	경상 이익 / 총자산=	10.4%	26.8%			높음
총자산 순 이익률	당기 손수익 / 총자산=	8.1%	20.8%			높음
기업경상 이익률	(경상순수익+이자) / 총자산=	12.4%	28.5%			높음
기업 순 이익률	(당기순수익+이자) / 총자산=	10.2%	22.4%			높음
자기자본경상 이익률(ROE)	경상손익 / 자기자본 =	45.1%	66.7%			높음
자기자본 순 이익률	손 수익 / 자기자본 =	35.3%	51.7%			높음
매출경상 이익률	경상손익 / 매출액 =	8.7%	20.4%			높음
매출 순 이익률	순 손익 / 매출액 =	6.8%	15.8%			높음
매출영업 이익률	영업손익 / 매출액 =	10.8%	21.6%			높음
차입금평균 이자율	이자 / 총 차입금 =	5.2%	6.3%			낮음
매출금융비용	이자 / 매출액 =	1.7%	1.2%			낮음
안정성						
자기자본비율	자기자본 / 총자본(자본+부채) =	23.0%	40.2%			높음
유동비율	유동자산 / 유동부채 =	80.2%	116.6%			높음
당좌비율	당좌자산 / 유동부채 =	77.6%	113.4%			높음
고정비율	(고정자산 - 이연자산) / 자기자본 =	221.5%	120.2%			낮음
고정장기적합률	(고정자산 - 이연자산) / (자기자본 + 고정부채) =	81.6%	65.5%			높음
부채상환계수	(현금흐름-금융비용) / (단기차입금+유동성장기부채+금융비용) =	-55.2%	131.3%			낮음
부채비율	부채 / 자기자본 =	334.1%	148.5%			낮음
유동부채비율	유동부채 / 자기자본 =	162.8%	65.0%			낮음
고정부채비율	고정부채 / 자기자본 =	171.3%	83.5%			낮음
차입금의존도	총 차입금 / 총자본 =	39.2%	26.1%			높음
자기자본 대 차입금비율	총 차입금 / 자기자본 =	170.3%	64.9%			높음
매출채권 대 매입채무비율	매출채권 / 매입채무 =	139.8%	161.1%			높음
매출채권 대 제품비율	매출채권 / 제품 및 반제품 =	157.0%	110.8%			높음
매입채무 대 재고자산비율	매입채무 / 재고자산 =	112.3%	68.8%			높음
순 운전자본 대 총자본비율	(유동자산 - 유동부채) / 총자본 =	-7.4%	4.3%			높음

경영비율 분석 샘플 2

명성산업(주)

2016년도 경영비율 분석						
경영비율 내용	재무비율 공식	2013년도 재무분석	2014년도 재무분석	경쟁사 비율분석	산업평균 비율분석	권장 방향
활동성						
총자산 증가율	매출액 / 총자산 =	119.0%	131.8%			높음
자기자본회전율	매출액 / 자기자본 =	516.6%	327.4%			높음
고정자산회전율	매출액 / (고정자산-이연자산) =	233.2%	272.4%			높음
유형자산회전율	매출액 / 유형자산 =	229.5%	268.5%			높음
재고자산회전율	매출액 / 재고자산 =	659.0%	644.3%			높음
매출채권최전율	매출액 / 매출채권 =	419.8%	581.4%			높음
매입채무회전율	매출액 / 매입채무 =	587.0%	936.7%			높음
생산성						
부가가치	매출액-재료비-제조경비(인건비+감가상각비 제외)=		21,572,695			높음
1인당 부가가치 증가율	당기 종업원 1인당부가가치 / 전기 종업원 1인당 부가가치=		179.7%			높음
1인당 매출증가율	당기 종업원 1인당부가가치 / 전기 종업원 1인당 매출액=		132.2%			높음
1인당 인건비증가율	당기 종업원 1인당 인건비 / 전기 종업원 1인당 인건비=		103.6%			높음
1인당 노동장비율	(유형자산 - 건설중인자산) / 종업원수 =	184,831	208,882			높음
기계장비율	기계장치 / 종업원 수 =	22,034	25,214			높음
1인당 자본집약도	총자본 / 종업원 수 =	356,425	425,646			높음
총자본투자효율	부가가치 / 총자본 =	28.7%	43.2%			높음
설비투자율	부가가치 / (유형자산 - 건설 중인 자산)=	55.4%	88.1%			높음
기계투자효율	부가가치 / 기계장치 =	464.8%	729.8%			높음
부가가치율	부가가치 / 매출액 =	24.1%	32.8%			높음
노동소득분배율	인건비 / 부가가치 =	23.3%	13.4%			낮음
EVA						
경제적 부가가치(EVA)	세후영업이익(NOPAT) - 자본비용 =	1,160,725	7,259,575			높음
자본비용	투자자본 × 투자자본기대 수익률 =	3,272,815	3,907,597			높음
투자자본 수익률(ROIC)	NOPAT / 투자자본 =	13.5%	28.6%			높음

Note: 산업표준비율은 한국은행과 산업은행에서 매년 발간하는 기업경영분석과 재무분석에서 자료를 얻을 수 있다.

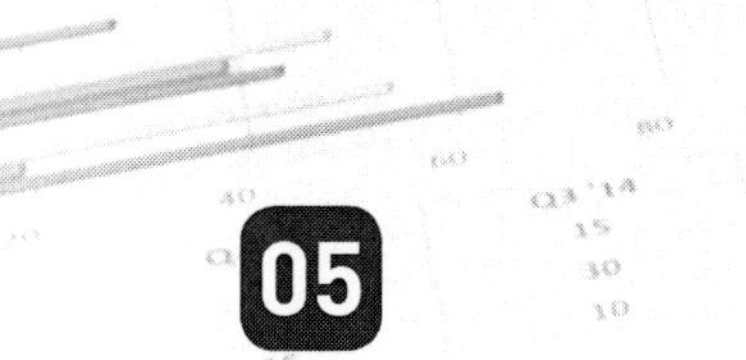

예산편성의 체계와 흐름도

1. 예산편성 방법

예산편성 방법에는 도표와 같이 3가지 방식이 있다.

어느 것을 선택하느냐는 기업의 여건과 배경에 따라 다르지만 일반적

으로 절충식이 보편적으로 적용된다.

예산편성 방법

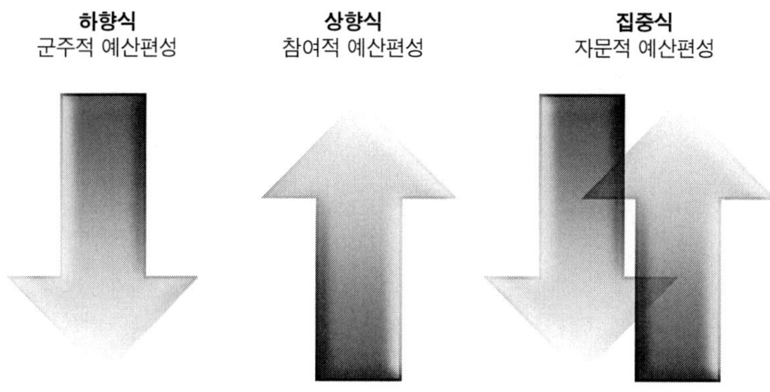

2. 예산관리 흐름도

예산의 준비와 작성, 그리고 실시와 피드백을 하는 모든 순환과정을 흐름도로 표시하면 다음과 같다.

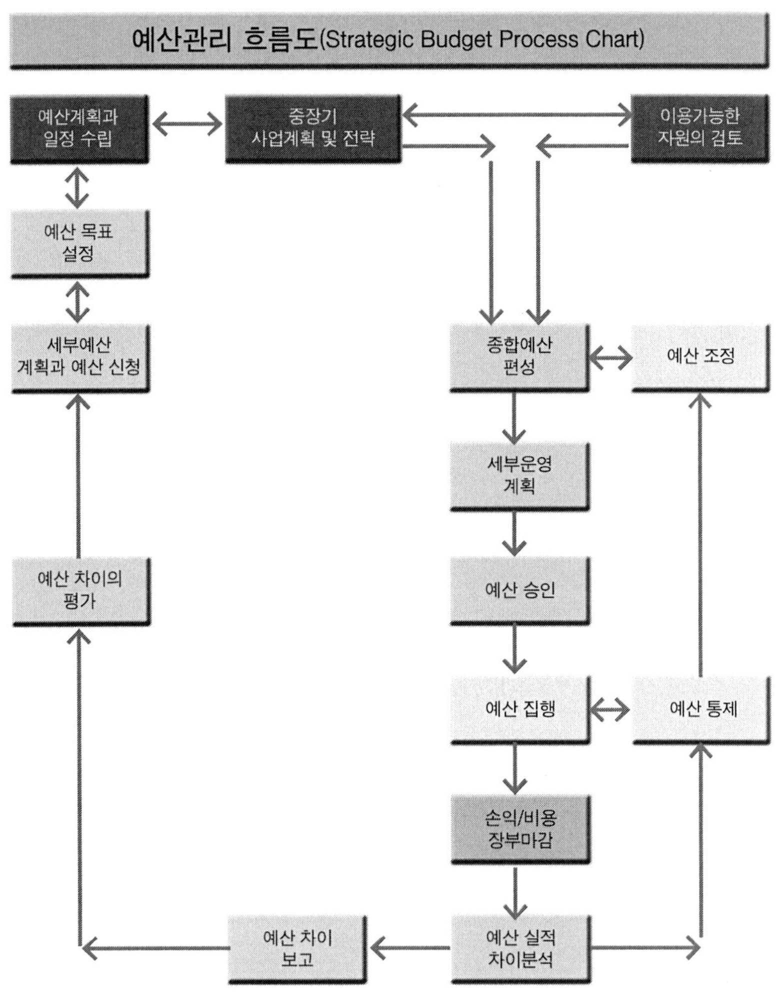

3. 예산의 체계도

일반적인 예산편성에서 종합예산(Master Budget)을 정점으로 1단계에서 3단계까지의 계획 및 예산안을 모두 열거하면 다음과 같다.

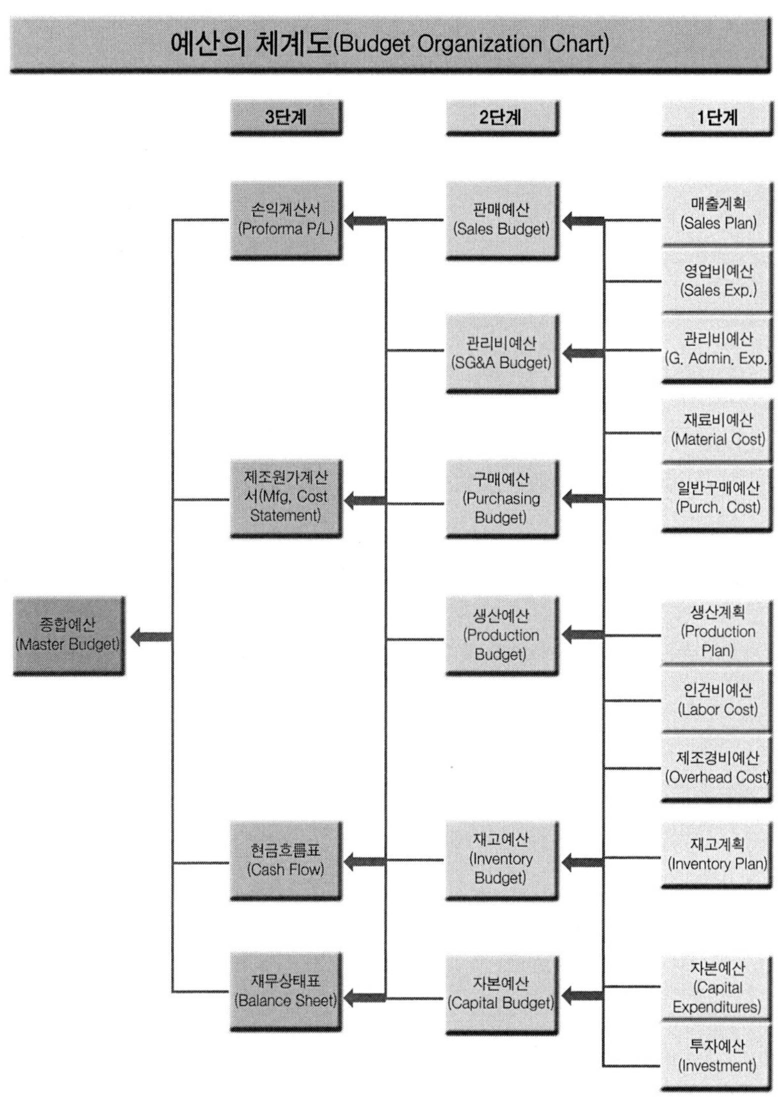

기회와 위기 계획(Contingency Plan)

예산은 미래에 일어나는 일들을 추정하고 예측하는 것으로, 많은 가정을 바탕으로 하여 작성된다.

가정은 가정일 뿐 아무리 정확성을 기하여도 미래를 예측하기는 쉽지 않다. 이자율, 환율, 시장성장률, 원부자재 가격, 인건비, 경쟁사 등장 등 예산 실시기간 동안에 예측과 실제가 빗나가는 경우와 급격한 경기변동으로 예측치 못하는 큰 차이가 발생할 수 있다.

이에 따라 회사의 주주, 투자자 혹은 최고경영자는 이러한 불확실성의 여러 가지 변수를 가능한 한 예산 작성 시 미리 보여주기를 원한다. 원 예산안과 어떻게 차이가 나는지, 얼마나 영향을 받는지 등을 재무제표와 연결하여 변동되는 수익금액과 재무상태를 사전에 알아둘 필요가 있다.

이러한 요구를 만족시키기 위해서는 다양한 예산안의 시나리오를 만들어 그 변동폭에 따라 영향을 주는 매출, 수익 그리고 비용을 계산하고 회사의 위기와 기회를 대비할 수 있는 예비계획(Contingency Scenario Plan) 혹은 위기 민감도 분석(Risk and Sensitive Analysis)이 준비되어야 한다.

이러한 시나리오와 예비계획까지 준비되어 있다면 예산안은 회사에 어떠한 위기가 찾아와도 미리 예견된 비상 대책으로 차분하게 대처하고 관리해 나갈 수 있으며 이로써 기업이 원하는 거의 완벽한 예산안 수준에 도달할 것이다.

예측되는 위기(Risk)의 종류를 정리해보면 다음과 같다.

1. 급격한 경제변동

(1) 이자율 급등

(2) 환율 급등락

(3) 경기 후퇴

(4) 물가상승

(5) 원자재 가격 급등락

(6) 인건비 급등

(7) 산업 성장률 급저하

2. 법률 및 규제정책

(1) 허가

(2) 관세, 수출입 금지

(3) 정부통제

(4) 환경 규제

3. 대중 민주주의 포퓰리즘(Populism)에 의한 반기업 정서

4. 기술의 급격한 변화, 첨단기술의 등장

5. 고소, 고발 소송

6. 노사분규

7. 품질 문제, 반품

8. 자연재해

9. 협력업체 문제

10. 경쟁업체의 가격인하, 신제품 출시

11. 시장진입 실패, 판매실적 부진, 주요 고객의 주문 취소

12. 주요 직원, 경영간부의 이직

위험 없이 이익은 없다. 기업경영은 항시 위험이 도사리고 있으며, 이러한 위험을 알고 그 대처능력을 배양하면서 성장하는 것이다. 즉 적절히 위기를 관리하는 자만이 성공할 수 있다. 이러한 위기관리 프로세스(Process) 안에서 예산이 위험을 예측하는 하나의 역할을 담당해준다.

예산의 기존 문제점과
예산 작성 시스템을 통한 해결 방안

1. 예산 작성의 기존 문제점

예산에도 현실적인 문제점이 있으며, 예산 비판론자들은 최근 아래와 같은 이유로 예산 무용론마저 공공연히 거론하고 있다.

(1) 예산은 번거롭고 비용과 시간이 무척 많이 든다.

(2) 각 부서별로 가능한 한 낮은 목표를 세우려 한다.

(3) 경영자원을 적절하게 배분하기 어렵다.

(4) 예산 작성 시와 실제 사업과는 시차와 전제조건이 많이 상이하다.

(5) 월차 결산 후 연차 결산, 예산 작성에 시간이 부족하다.

(6) 무리한 목표달성과 실적 당겨먹기, 과장 실적 등 기업의 장기적 이익을 훼손할 우려가 있다.

아무리 우수한 시스템이나 완벽한 제도라도 항상 장점과 단점이 따라다니고 있으므로 단점을 이유로 예산제도를 도입하지 않는 것은 우리나라 속담에 "구더기 무서워 장 못 담근다"와 같은 의미로 비유될 수 있을 것이다.

기존의 문제점을 어떻게 극복하며 예산제도의 장점을 어떻게 살리느냐가 성공경영의 핵심임을 인지한다면 그 순간 예산제도는 이미 성공의 길목에 접어든 것이다.

2. 예산 작성 시스템을 통한 해결 방안

저자는 이러한 문제점을 해결해주는 솔루션(Solution)으로 각기 다른 특징을 가진 6 종류의 예산 작성 시스템을 개발하여 예산 작성 실무에 도움을 주고자 다음장에서 간단히 설명한다.

저자가 개발한 예산 작성 시스템의 차별성은 다음과 같다.

1) 예산 작성을 손쉽고 간단하게 만들어 가장 짧은 시간에, 저비용으로 작성될 수 있다.

2) 회사의 목표이익 달성을 위하여 손익개선 계획표가 별도로 있어 손익개선과 목표 달성을 위한 솔루션을 제공한다.

3) 경영자원의 적절한 배분을 위하여 다양한 분석방법과 많은 각종 보고서가 서로 유기적 으로 통합하여 모순을 통제해나가면서, 비용배분의 합리적인 자동 배분 방식이 도입되어 있다.

4) 예산 작성 시 필요한 많은 전제조건을 간략하고 함축성 있게 압축하여 간단하게 입력하거나 조정할 수 있게 설계되어 아주 짧은 시간에 입력 및 예산 작성을 완성시킬 수 있고 더 나아가 시뮬레이션(Simulation)도 가능하다.

5) 예산의 수정, 조정, 새로운 제품, 정책 등 어떠한 변동이나 수정도 해당 부분에

입력 혹은 수정만 하면 모든 예산안을 순간적으로 모두 업데이트시켜주는 장점이 있다.

6) 시뮬레이션이 용이하고 간단하며 짧은 시간에 가능하기에 예산안을 회사가 필요한 3가지 시나리오(낙관적, 비관적, 합리적)로 만들어 회사의 경영목적에 따라 대비해 나갈 수 있다.

7) 실적과 예측관리(Rolling Forecast)가 가능하도록 예산 시스템에 새로운 모듈이 연결되어 예산 사후관리가 가능한 예산 작성 시스템이다.

8) 시각적이고 다양한 예산 도표를 통해 회사 경영상황의 손쉬운 이해를 촉진시키기 위하여 30가지에 가까운 차트나 그래프가 자동 작성되어 제공되고 있다.

9) 본 시스템을 사용하고 이해함으로써 재무경영, 전략경영이 진일보할 수 있으며 기업의 경영관리 수준을 한 단계 업그레이드시켜준다.

예산작성 시스템 6가지 소개

		프로그램
1	Budget Builder- 예산작성 프로그램	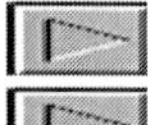
2	Flash Budget Builder - 단순 예산 (10분 안에 완성)	
3	Mfg. Budget Builder - 제조업 원가 예산 (100분 안에 완성)	
4	Chart Budget Builder - 중소기업 도표 예산 (100분 안에 완성)	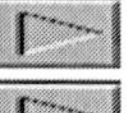
5	ABC Budget Builder - 서비스업 활동예산 (100분 안에 완성)	
6	Forecast Budget Builder -실적추정관리 예산 (100분 안에 완성)	

금문교는 태평양 바다를 가운데 두고 떨어져 있는 샌프란시스코의 두 지역을 직선 거리로
연결하여 샌프란시스코의 물류와 산업발전에 획기적인 전기를 마련한 계기가 되었습니다.
필자는 금문교를 방문하여 휴대폰으로 직접 촬영 후 표제의 상징으로 삼고 기업의 예산관리로
획기적인 기업발전에 예산이란 다리의 금문교 역할을 자임하고 직접 설계, 제작하였습니다.

http://cafe.naver.com/ceobible

본 저작물은 저작권등록이 되어 있는바 승인 없이 무단복제를 금합니다.

　상기의 6가지 예산 프로그램은 소기업부터 중견기업까지 사용할 수
있는 다양한 형태의 예산 소프트웨어로, 저자가 개발하고 직접 프로그
래밍하여 어느 기업체이든 자신에게 맞는 프로그램을 선택하여 용이하
게 사용할 수 있는 예산 지원 툴이다. 기업의 실제적인 예산 작업에 기
여할 수 있는 예산작성 프로그램은 누구나 실무에서 쉽게 사용할 수 있
도록 엑셀로 개발되었으며, 부록의 지정 사이트에서 다운로드해 원하는
용도에 따라 선택하여 사용할 수 있다. 본 예산작성 프로그램은 예산 작
업을 하는 실무자 및 경영자에게 획기적인 예산 지원 툴로서 간략하게 6
가지의 예산작성 시스템을 소개하고자 한다.

01

예산작성 시스템(Budget Builder)

본 예산작성 시스템은 예산 프로그램의 정수로서 제조업이든 비제조업이든, 대기업이든 중소기업이든 모두 사용할 수 있는 예산작성 시스템의 완결판이다.

예산 및 회사의 재무전략의 기본정보만을 입력함으로써 동시에 방대한 예산 패키지(Budget Package)가 자동으로 작성되는 예산 프로그램이다. 예산 패키지의 총 분량은 약 50페이지 이상이며 각종 예산 관련 보고서와 재무분석 보고서 그리고 시각적으로 볼 수 있는 각종 도표가 일목요연하게 전개되는 것이 특징이다.

본 예산 프로그램은 전문가 여러 명이 한 달 이상 작업하여야 하는 예산안이나 회사의 재무책임자 혹은 예산책임자가 1일 안에 거대한 예산안을 완성시키는 획기적인 예산 프로그램의 마일스톤(Mile stone)이다.

예산작성 시스템 소개

그동안 예산작성과 관련하여 필요한 자료가 적시에 제공되지 못하고,

수시로 변동하는 국내 정세에 따른 살아있는 자료와 경영전략을 결정하기 위한 기초자료 작성에 어려움이 많았다. 현대 디지털 시대에는 적시에 정확한 자료를 제공할 수 있는 속도 경쟁이 매우 중요하다.

우리는 지금도 기업 내의 많은 직원들이 경영자료와 기타 분석 업무에 매달리면서 경영자가 요구하는 납기와 품질을 맞추지 못하고 밤을 지새우며 고생하는 모습을 흔히 볼 수 있다. 대내외 경제 여건 변화로 새로운 지침과 조정된 목표가 내려오고 다시 재작업을 해야 하는 상황들, 급기야는 납기를 맞추기 위해 품질을 포기해야 하는 상황도 목격된다.

저자는 이러한 현실과 문제점을 해결하고 기업의 경쟁력을 한 단계 업그레이드하고자 본 '예산작성 시스템'을 소개하게 되었다.

'예산작성 시스템'은 1. 예산, 2. 예측관리, 3. 자금관리의 3가지 부문이 모두 연관되어 모듈로 형성되어 있으며, 연계되어 작동되기도 하고 각기 독자적으로도 작동 가능하게 되어 있다. 본래 많은 시간과 인력 및 경비가 소요되는 예산안을 기업의 경영간부 1인이 짧은 시간에 약 40페이지에 달하는 다양한 예산 패키지(Budget Package)를 완료할 수 있다.

특히 빈번히 발생하는 예산안의 수정과 조정 그리고 전략 시뮬레이션(Strategic Simulation)에 아주 용이하며 속도성, 단순성, 정확성, 다양성 그리고 효율성이 뛰어난 것이 '예산작성 시스템'이다.

소기업(창업, 벤처)을 위한 단순 예산: 10분 안에 완성

기업의 큰 흐름을 알고 경영전략과 운영방침을 안다면 시스템에서 요구하는 간단명료한 질문에 답변만 함으로써 10분 안에 재무제표 중심의 예산안이 완성되는 프로그램이다. 비교적 비제조업에 부합한 예산안이지만 제조업도 가능하며, 가장 짧은 시간에 예산안이 작성되는 경이적인 예산 프로그램이다.

단순 예산작성 프로그램의 개발 목적과 효과

1. 총 13가지 기본 재무정보만 가지고 예산을 만들 수 있다. 준비가 되어 있다면 소요시간 10분 이내로 완성되는 경이적인 툴이다.
2. 현재 회사의 매출, 재고, 현금보유액, 외상매출금, 외상매입금, 고정자산상각충당금, 평균감가상각연수, 매출원가, 자본금, 차입금, 이자율을 알고 내년에 가고자 하는 예측을 입력하면 그와 동시에 예산안이 완성되어 출력할 수 있다.

3. 모든 데이터는 연두색 셀에 입력하고, 다른 부분은 입력하지 않도록 보호장치가 되어 있다.

4. 화폐단위는 편의상 천 원으로 하였지만 수정이 가능하다.

5. 노트는 추가적인 필요정보를 자율적으로 입력하는 옵션이다. 비록 짧은 시간에 초간편으로 작성되는 예산안이지만 모든 재무정보와 예산의 주요정보가 수용되어 있는 시스템이다. 예산을 포함하여 다용도로 사용할 수 있다.

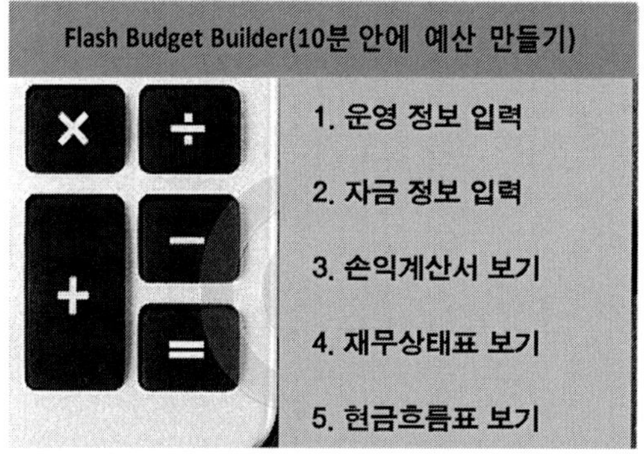

http://cafe.naver.com/ceobible

특징:
현재 회사의 매출, 재고, 현금보유액, 외상매출금, 외상매입금, 고정자산
상각충당금, 평균감가상각연수, 매출원가, 자본금, 차입금, 이자율을 알고
예산연도의 계획을 예측하는 순간 예산안은 자동 완성되어 출력됩니다.

03

소기업(제조업)을 위한 단순 예산: 100분 안에 완성

복잡하고 어려울 것 같은 제조원가 계산이 포함된 예산안을 가장 쉽고 단순하게 작성해 주는 예산 프로그램이며, 특히 제조원가를 분석하고 사후 실적관리를 예산과 대비하여 비교 분석할 수 있는 단순 원가계산 기능이 포함된 프로그램이다.

제조업 단순예산

본 예산 시스템은 제조업 중심의 예산 프로그램으로서 제품의 표준원가를 최종적으로 만들어 주고 사후 실적관리까지 예산 대비하여 비교 분석할 수 있는 것이 주요 특징이다. 따라서 예산 사후관리 시스템이 별도로 추가되어 분기별로 실적을 입력하고 관리되는 프로그램으로 설계되었다.

◆ 예산안 작성

1. 예산안 작성을 시작하기 전에 '소개와 작성 매뉴얼'을 먼저 읽고 시스템의 특성과 사용 방법을 숙지한다.

2. 본 예산 시스템은 '기본정보 입력' 시트에 회사의 상호부터 예산연도 그리고 기본정보 즉, 운영자료를 추정하여 입력하여야 한다. 물론 PW(사용자 비밀번호)도 입력한다.

3. 모든 입력은 연두색 셀에만 하고 다른 부분은 모두 보안 처리되어 입력 및 수정이 불가능하게 되어 있다.

4. 다음으로 '기본정보' 시트로 넘어가 본격적이고 구체적인 예산 작업에 들어가며 입력 완료와 동시에 예산안이 모두 작성된다. 아래는 기본정보 및 입력 자료의 내용이다.

    ① 이자율

    ② 법인세율

    ③ 운영자금 회전일

    ④ 월평균 퇴직금 지급액

    ⑤ 대손율

    ⑥ 재고자산 회전일

    ⑦ 고정자산 투자와 감가상각 정보

    ⑧ 운반비 정보 - 제품별 개당 운반비

    ⑨ 매출 정보

    ⑩ 전년도(마감연도 혹은 현재 연도) 재무제표(BS, PL) 입력

    ⑪ 현금흐름표 정보

    ⑫ 예산연도 비용 작성하기

    ⑬ 제조원가 정보 입력

5. 비용예산에서는 제조경비와 일반관리비의 합계는 설정에 의해 자동 계산되나, 계정과목별 금액은 계정과목과 항목별 구성비 합계가 100%가 되게끔 설정해 놓으면 비용예산안이 자동으로 쉽게 작성되도록 되어 있다.

6. BOM 계산은 산업과 기업의 특성에 따라 아주 상이하기에 범용적이고 표준적인 BOM을 만들기가 거의 불가능하다. 그러나 제품별로 단순하고 쉬우며 용이하게 BOM을 만들 수 있도록 제품의 도해에다 내용만 입력하면 자동으로 BOM이 형성되도록 설계했다.

7. 예산안은 기본 정보가 모두 입력되면 동시에 자동으로 아래의 보고서가 작성된다.

▶ 판매 계획

▶ 생산 계획

▶ 자재 구매 예산

▶ 직접노무비 예산

▶ 제조경비 예산

▶ 제조원가 예산

▶ 일반관리비 예산

▶ 투자 예산(계정과목별)

▶ 분기별 손익계산서 예산

▶ 재무상태표(Balance Sheet)

▶ 현금흐름표 예산

▶ 표준원가표

8. 예산 사후관리 시스템의 내용은 다음과 같다.

표준원가 예산을 작성한 후 사후 실적관리는 아래와 같이 간단히 결과치만 입력함으로써 예산 대비 실적 관리를 다각적으로 분석할 수 있게 설계되었다.

① 매출 실적을 입력하여 판매예산과 실적 차이를 분석한다.

② 비용 실적을 입력하여 비용예산과 실적 차이를 분석한다.

③ 직접노무비 실적을 입력하여 직접노무비 차이를 분석한다.

④ 원자재 구매에 대한 주요 변동 내역을 입력하여 그 차이를 분석한다.

이러한 실적 입력과 분석을 토대로 경영관리적인 분석자료를 산출하여 기업의 경영전략을 세울 수 있는 것이 차별화된 장점이다.

9. 실적에 관련된 일체의 자료 및 보고서가 상기 8개 항목에 준하여 똑같은 양식으로 생성되어 프린트되고 비교 검토해볼 수 있어 다양한 예산안의 사후관리로 완벽을 기하도록 설계된 프로그램이다. 참고로 표지를 추가하였으니 필요시 프린트할 수 있다. 표지의 그림은 회사의 로고나 사진으로 대체 가능하다. (마우스 오른쪽 버튼을 클릭하면 나오는 '그림 바꾸기'를 선택하면 PC에 저장된 그림으로 대체할 수 있다.)

<table>
<tr><td colspan="2">Mfg. Budget Builder(제조업 원가예산)</td></tr>
<tr><td colspan="2">예산 작성 매뉴얼(User's Manual)</td></tr>
<tr><td colspan="2">예산 작성 기본정보를 입력하세요</td></tr>
<tr><td>1</td><td>예산안 표지</td></tr>
<tr><td>2</td><td>매출 계획</td></tr>
<tr><td>3</td><td>BOM</td></tr>
<tr><td>4</td><td>인건비정보</td></tr>
<tr><td>5</td><td>조업도정보</td></tr>
<tr><td>6</td><td>제조경비</td></tr>
<tr><td>7</td><td>운반비</td></tr>
<tr><td>8</td><td>일반관리비</td></tr>
<tr><td>9</td><td>투자(자본적 지출) 계획</td></tr>
<tr><td>10</td><td>표준원가 예산안</td></tr>
<tr><td></td><td>1 판매 계획</td></tr>
<tr><td></td><td>2 생산 계획</td></tr>
<tr><td></td><td>3 자재 구매예산</td></tr>
<tr><td></td><td>4 직접 노무비 예산</td></tr>
<tr><td></td><td>5 제조경비 예산</td></tr>
<tr><td></td><td>6 제조원가 예산</td></tr>
<tr><td></td><td>7 일반관리비 예산</td></tr>
<tr><td></td><td>8 투자 예산(계정과목별)</td></tr>
<tr><td></td><td>9 분기별 손익계산서 예산</td></tr>
<tr><td></td><td>10 재무상태표(Balance Sheet)</td></tr>
<tr><td></td><td>11 현금흐름표 예산</td></tr>
<tr><td></td><td>12 표준 원가표</td></tr>
</table>

예산 사후관리시스템 이동

PW   3338빠

04

중소기업 도표 예산: 100분 안에 완성

마감된 현재연도나 전년도 결산서를 기준으로 예산연도의 경영전략과 예측 열 몇 가지만 입력함으로써 예산안이 다양한 보고서로 완벽하게 완성되도록 해주는 예산 프로그램이다. 특히 20가지 이상의 다양한 예산 분석 도표(Chart)가 자동으로 작성되고 출력되어 예산의 시야적인 효과를 극대화할 수 있는 예산 프로그램이다.

중소기업 도표 예산 소개 및 사용 방법

경영자가 예산안을 쉽게 보기 위한 시각적인 재무자료의 일환으로 도표 혹은 차트를 중심으로 작성하는 것이다.

본 프로그램의 CEO 경영차트는 예산안과 연동되어 작성되는 것으로 경영자가 작성된 예산안을 쉽게 볼 수 있도록 도표화되었다. 시각적인 효과를 통하여 보다 빠르게 예산을 이해하고 적극적으로 해석할 수 있다는 장점이 있다.

CEO 경영차트는 예산 작업과 관련 없이 독자적으로 사용할 수도 있다. 따라서 예산작성과 함께 연동하여 작성하려면 'Yes: Y', 별도의 데이터 입력으로 도표만 작성할 목적이면 'No: N'이라고 표시해야 하며, 도표 작성에 필요한 데이터를 별도로 입력창에 입력해야 한다. (입력 창은 우측 상자를 클릭함.)

중소기업 도표예산 작성률

예산 기본 자료 입력

소개(Introduction) 와 사용방법(User Guide)	▷
표지	▷
목차	▷
월별 손익계산서	▷
손익계산서	▷
재무상태표	▷
현금흐름표	▷
경영분석 비율	▷
기회와 위기 민감도 분석	▷
제조경비 명세	▷
일반관리비 명세	▷
기업가치 평가	▷

도표로 보는 예산안

시장규모와 매출	▷
제품별 매출	▷
손익분기점 분석	▷
분기별 손익분석	▷
손익현황 도표	▷
분기별 손익현황 도표	▷
구분별 경비현황	▷
요약 재무상태표	▷
재무상태표 자산현황	▷
재무상태표 부채와 자본현황	▷
투자예산	▷
현금흐름(기말현금)	▷
운전자금 도표	▷
회전율 분석도표	▷
유동성 도표	▷
수익성 도표	▷
매출 감소 위기 시나리오 1	▷
재료비 상승 위기 시나리오 2	▷
매출 증가 기회 시나리오 1	▷
원가 절감 기회 시나리오 2	▷
환율상승 시나리오 1	▷
환율하락 시나리오 2	▷
매출단가 VS. 재료비 단가	▷
인건비	▷
계정과목별 경비	▷
부서별 경비	▷

05

서비스업 활동예산(Activity Based Budget): 100분 안에 완성

ABC 예산은 전통적인 예산 방식의 모순점과 부정확성을 보완하기 위하여 창안된 시스템으로서 활동예산(Activity Based Budget)이라고 한다.

본 활동예산 프로그램은 모든 기능을 단순하고 효율적으로 설계하여 특히 서비스업 예산 및 경영관리에 획기적인 전기가 될 수 있는 프로그램이다.

서비스업 활동예산 프로그램 해설과 사용 방법

ABC 예산은 전통적인 예산 방식의 모순점과 부정확성을 보완하기 위하여 창안된 시스템으로서 활동예산(Activity Based Budget)이라고 풀어 쓴다.

활동예산은 본디 제조업의 예산작성을 위하여 만들어졌으나, 제조업은 오랫동안 전통적인 조직과 회계구조 및 계정과목 등으로 인하여 활동예산으로 전환하기 쉽지 않다는 점이 실제 기업들이 활동예산 도입시 느끼고 있는 공통적인 문제이다.

그러나 서비스업이나 유통업은 전통적인 제조업보다 구조 전환이 쉽고 보다 효율적이며 정확한 예산작성이 가능하기에 서비스업이나 유통업에서 활동예산이 더 유용하게 사용될 수 있음을 인지하게 되었다. 본 ABC 시스템은 제조업과 서비스업 모두 사용이 가능하나, 제조업에서는 BOM 및 제조직접비, 간접비, 일반관리비 등 복잡한 제조업의 특성을 모두 수용하여 프로그램을 회사의 특성과 실정에 맞게끔 customization 해야 제대로 사용할 수 있다. 유통업이나 서비스업은 지금의 활동예산 프로그램만으로도 모두 수용 가능하고 어쩌면 회사가 운용하는 어떠한 예산 시스템보다 효율성, 정확성, 단순성, 효용성이 뛰어날 수 있다.

1. 활동예산 시스템 소개

본 시스템은 활동예산을 보다 쉽게 이해하기 위하여 엑셀로 개발되었다. 기업의 활동 내용이 단계별로 전개되어 실무에 바로 적용할 수 있는 활동예산 프로그램이며 단계별 절차는 다음과 같다.

① 회사의 자원, 즉 인원과 설비 등을 규명한다.

② 회사의 주요한 활동사항을 단계별로 규명한다.

③ 회사의 자원과 주요활동 항목과의 상관관계, 즉 자원을 활동별로 배분하는 것이다.

④ 회사는 주요활동과 예산목표물(제품 혹은 서비스)과의 상관관계를 규명한다. 이는 배분된 주요활동별 비용을 회사의 제품이나 서비스에 재배분

해야 하는 것이다.

⑤ 따라서 모든 비용을 적절히 회사의 예산목표물(제품 혹은 서비스)에 직접
적으로 배분시키는 것이다.

회사는 끊임없이 변하기 때문에 1년에 한 번은 회사의 실정에 따라 조
정된 예산자료, 활동항목 그리고 기타 변경된 요인들을 업데이트해야
하며 항상 현실적이고 정확한 예산작성이 가능하도록 한다.

2. 활동예산 메뉴 구성

① **매출정보-** 매출에 관련된 제품명과 판매단가 그리고 매출액을 규명하여
야 한다.

② **비용정보-** 비용 및 예산간접비(제조경비)를 정리하여 예산풀을 위한 예산
자료를 준비한다.

③ **예산풀- Resource Pools(Step 1):** 1단계로서 모든 자원, 비용이 발생하
는 예산풀을 작성한다.

④ **활동예산- Activity Budget(Step 2):** 2단계에서는 회사의 주요활동을 규
명한다.

⑤ **예산동인- Activity Drivers(Step 3):** 3단계에서는 분석을 통하여 예산을
배분하기 위한 예산동인을 규명한다.

⑥ **예산대상- Budget Objects(Step 4):** 4단계에서는 최종 배분하기 위하여
규명된 예산동인에 의거해 예산을 배부한다.

⑦ **활동예산 보고서(ABC Budget Report):** 모든 간접비를 예산대상에 배

부한 결과물로서 활동별, 제품별 예산 현황을 도표로 표시한다.

⑧ **활동예산 손익계산서(ABC Budget PL):** 최종 보고서로서 제품별 손익계산서가 작성된다.

⑨ **단위당 활동예산표(ABC Budget Table):** 최종 보고서로서 제품 단위당 활동예산표가 작성된다.

3. 활동예산 시스템의 목적과 사용 방법

(1) 목적

본 시스템의 목적은 예산 계산을 하기 위함이며 활동예산(ABC Budget) 방식을 택하여 설계되었다. 따라서 자원이 실제로 소모되는 예산목표물을 위한 활동 내역과 예산동인을 규명하여 예산을 배분하는 것이다.

(2) 어떻게 예산을 배분하는가?

본 시스템은 2단계의 예산 배분절차를 가지고 있으며 회계 장부상의 모든 발생비용을 가져와서 실제적인 주요활동에 소모되는 시간과 동인을 중심으로 배분하는 것이다.

(3) 사용 방법

① ABC 예산 시스템 파일을 열어서 제일 처음은 항상 'Budget menu' 시트에서 시작한다.

② 매 시트마다 표시되어 있는 좌측의 표는 이동하는 표시로서 클릭만 하면 자동 이동이 되며 원하는 시트로 전환된다.

③ 그 외에는 자동으로 계산되어 산출되는 것이기에 모두 시트 보호가

되어 있어 입력 실수로 프로그램이 지워지지는 않는다.

④ 본 시스템의 구성, 즉 워크시트는 총 18개 시트로 구성되어 있다.

(4) 본 시스템을 어떻게 사용하는가?

본 시스템은 회사에 다음의 실제적이고 현실적인 정보를 제공해 준다.

① 우리가 고객에게 제공하는 예산목표물의 실제적인 예산은 얼마인가?

② 우리에게 실제 발생하는 모든 비용과 예산을 고객에게는 얼마나 청구하거나 받아야 합리적인가?

③ 분석과 규명을 통하여 무엇이 우선순위인지 알 수 있게 해주는 것이다.

(5) 본 활동예산 시스템(ABC Budget)의 장점은 무엇인가?

주요활동별로 소모되는 비용을 입력하고 볼 수 있다. 예를 들면, 많은 경비가 발생했지만 실제로 고객에게는 도움이 되지 않거나 부가가치가 없는 비용일 수 있다. 이런 경우는 어떻게든 경비를 절감해야겠다는 생각이 들 수밖에 없다. 이러한 사고방식을 가지는 순간 모든 비용은 고객에게 지원되는 서비스 및 제품과 연결되고 효율적으로 사용될 뿐 아니라, 모든 서비스의 단위별 혹은 시간별로 비용 및 예산을 생각하기 때문에 보다 합리적인 예산 절감이 이루어지게 되는 것이다.

(6) 본 시스템을 어떻게 유지 관리하고 업데이트할 것인가?

① 모든 실제 비용 원장에 있는 계정과목의 금액이 실적비용이다. 때에 따라 조직 확장으로 신규직원을 채용하거나 새로운 부서를 조직하는 비용을 추정하여 반영할 수는 있다.

② 주요활동 영업, 즉 제품 및 서비스를 고객에게 전달하기까지 회사의

모든 행위를 단계적으로 규명할 수 있다. 예를 들면 수주활동, 구매활동, 자재 입고 및 투입활동, 제조공정활동, 공정 간의 이동활동, 조립활동, 검사활동, 입고활동, 출고활동, 광고활동, 판매관리활동, AS활동, 일반관리활동 등을 말한다.

③ 예산동인과 비용 배분: 회사의 자원과 주요활동이 변경되면 그에 따른 예산동인도 변경된다.

④ 새로운 예산 대상이 생기고 새로운 주요활동이 추가되었을 경우, 새로운 제품이나 서비스 그리고 새로운 예산이 발생되었을 경우는 주요활동도 추가되고 예산동인, 자원 등도 추가로 발생하기 때문에 업데이트가 필요하다.

(7) 활동기준예산계산의 이론적인 개념

① 활동기준예산계산의 기본 개념: 조직에서 수행하는 다양한 활동에 초점을 맞추어 예산을 발생시킨 활동에 근거해서 예산을 집계하고 분석하는 예산작성 시스템이다.

② 활동기준예산계산의 절차

❶ 활동과 활동풀의 정의 및 파악

❷ 각 활동별로 예산 측정

❸ 활동별 예산배부율 산정

❹ 활동별 예산배부액 산정

③ 전통적 예산작성과의 비교

❶ 전통적인 예산계산 방식은 '예산 → 제품'의 1단계 구조이지만, 활동기준예산계산은 '예산 → 활동 및 활동예산 → 제품'의 2단계 구조를 취하고 있음.

❷ 전통적인 예산계산에서는 제조예산을 직접재료비, 직접노무비, 제조간접비와 같

이 추적가능성별 예산으로 분류하고 있지만, 활동기준예산계산에서는 예산동인의 수준에 따라 단위수준예산, 작업묶음수준예산, 제품 및 공정수준예산, 공장수준예산으로 분류.

❸ 전통적인 예산계산 방식은 제조간접비의 배부 기준으로 주로 제품의 절대적인 생산물량과 직접 연계되는 직접노무기간, 기계가동시간 등 물량 기준을 채택하지만, 활동기준예산계산은 활동별로 예산 발생의 원인이 되는 다양한 예산동인을 배부기준으로 채택.

❹ 활동기준예산에서는 공장 수준의 예산은 개별 제품에 배부하지 말 것을 권고하고 있음. 이러한 예산은 원래 공통비이기 때문에 자의적으로 배부하지 않는 것이 적절하기 때문.

❺ 활동기준예산에서는 유휴조업도에서 발생한 예산은 별도의 항목으로 구분하여 관리해야 하며 이를 정상적인 예산과 합하여 예산 대상에 배분하지 말 것을 권고.

❻ 활동기준예산계산은 첫 단계인 활동분석을 통해서 부가가치활동과 비부가가치활동을 구분함으로써 예산 관리를 위한 기초자료를 제공.

4. 활동기준예산계산의 적용

활동기준예산계산은 다품종 소량생산 방식의 기업, 제조간접비의 비중이 높은 기업, 고객군이 다양한 기업 등 활동기준예산이 제공하는 정보의 유용성이 부각될 수 있는 기업에서 적극적으로 채택하고 있다.

5. 활동기준예산계산의 효익과 한계

활동별 예산동인을 배부 기준으로 사용하여 정확한 예산산정이 가능한 것이 장점이나, 활동을 명확하게 정의하고 구분하는 기준이 모호하여 예산 측정에 많은 시간과 비용이 소요될 수 있다.

활동 예산 (ABC Budget) 시스템

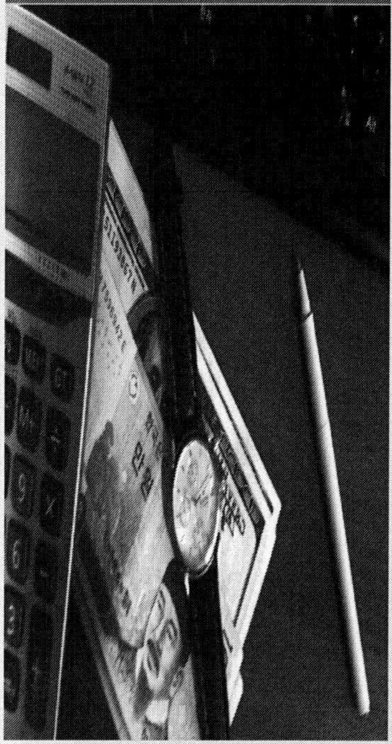

입력지침: 회색칠된 부분에만 입력하세요, 기타부분은 자동 계산됩니다.

1 회사의 활동예산시스템에 대한 적절한 명칭이나 회사 이름을 입력한다

1 회사명혹은 관리명을 기입하세요	홍진 서비스㈜	
2 통화 구분 과 단위을 선택하세요	천	원
3 예산년도를 입력하세요.	2014	
4 제조업과 비제조업을 선택하세요	비제조업	

2 활동예산 프로그램의 사용방법과 해설

3 활동예산 시스템 (ABC Costing)

1 매출 및 재료비 정보
2 비용 및 예산
3 예산 풀 Resource Pools (Step 1)
4 활동원가 Activity Costing (Step 2)
5 원가 동인 Activity Drivers (Step 3)
6 원가대상 Cost Objects (Step 4)
7 **활동예산 결과표 (ABC Costing Report)**
8 **활동예산 손익계산서 (ABC Costing PL)**
9 **단위당 활동예산표 (ABC Cost Table)**

*** 제조업 활동원가예산 기본정보**

a BOM
b 조업도
c 운반비
d 인원계획 과 인건비
e 투자(자본적 지출) 과 감가상각비

PW 2222N

http://cafe.naver.com/ceobible 본 프로그램은 저작권등록이 되었음.

06

중소기업 실적관리 예산
(100분 안에 완성)

제품별로 매출과 매출원가를 월별로 추정하고 제반 경비도 월별로 추정함으로써 예산안이 작성되고 실적도 예산과 같은 방식으로 입력함으로써 자동으로 예산 대비 실적을 비교 분석하게 하는 예산 프로그램이다. 최초 3개월분만 입력하면 시스템에서 그 추세와 성향을 파악하여 자동으로 월별 예산을 만들어 주는 것이 특징이며 비용예산이 세부적으로 구분되어 분석 예산 관리가 가능하도록 설계되었다.

그리고 모든 예산 관리가 예산대비 실적으로 대비하여 비교 분석되고 모두 도표로 표시되어 한눈에 알기 쉽게 설계되었다. 재무상태표와 현금흐름 등의 재무관리적인 측면은 설계에서 생략하고 예산 대비 실적을 관리하는 손익계산 위주로 작성되는 예산 프로그램이다.

실적관리예산

본 예산 시스템의 장점이자 차별화된 특성은 예산 작성 후 매월 실적을 예산 대비하여 분석해 나갈 수 있다는 것이다. 따라서 예산작성은 1개월 분량을 입력하면 자동으로 12개월 분량의 예산이 생성된다. 실적도 1월부터 실제 마감자료를 입력하면 마감되지 않은 달은 시스템에서 계산하여 추정안이 도출되고 예산과 월별로 대비하여 분석하는 시스템이다. 그리고 매월 마감 후 실제적인 마감자료로 대체해 나가면서 예산 대 실적의 분석과 추이를 Follow Up 하며 실적관리에 초점을 둔 예산 프로그램이다.

◆ 예산안 작성 요령

1. 예산안 작성을 시작하기 전에 '소개와 작성 매뉴얼'을 먼저 읽고 시스템의 특성과 사용 방법을 숙지해야 한다.
2. 본 예산 시스템은 '기본정보 입력' 시트에 회사의 상호부터 예산연도 그리고 기본적인 운영 자료와 재무상태를 입력해야 한다. 물론 PW(사용자 비밀번호)도 입력되어야 한다.
3. 다음으로 '기본정보' 시트로 넘어가 본격적이고 구체적인 예산 작업에 들어가며 입력 완료와 동시에 예산안이 모두 작성된다.
4. 예산작성은 '기본정보' 시트에서 예산연도 첫 달, 1개월분만 입력하면 본 시스템에서 1년 치 예산을 자동으로 계산하여 작성해 준다.
5. 자동 작성된 1년 치 예산안의 수정을 원하는 경우(옵션)는 '예산 만들기'에서 해당하는 하늘색 셀 안쪽에 조정 금액을 입력하면 자동적으로 조정된다. 필요치 않으면 입력할 필요는 없다.

6. 모든 입력은 초록색 혹은 연두색으로 표시된 셀에만 한다. 입력 창이 아닌 곳은 보안 처리가 되어 입력 및 수정, 삭제가 되지 않는다.

7. 만들어진 예산안에 따라 '과목별 비용명세서 만들기' 시트에서 예산안 비용과 일치하는 비용명세서를 만든다. 비용명세는 옵션사항으로 필요에 따라 만들지 않아도 무방하다.

8. 만들 경우에는 비용명세 하단에 이미 예산안의 비용금액이 들어가 있으므로 그 금액을 계정과목별로 배분하여 확정시키는데, 비용 구분별로 각 항목에 %를 입력하여(합계는 100%) 하단의 금액과 일치시킨다. %로 계산되기에 반올림이나 소수점 이하로 계산되어 정확하게 일치하지 않고 경미한 금액 차이가 발생할 수는 있으나 무시해도 된다.

작성된 예산안은 모두 자동으로 형성되어 작성되었으며 아래와 같다.

(1) 분기 손익계산서

(2) 월 손익계산서

(3) 재무상태표

(4) 과목별 비용명세서

(5) 23종류의 예산과 실적 분석 도표

(6) 분기별 예산 vs 실적 분석

참고로 표지를 추가하였으니 필요시 프린트할 수 있다. 표지의 그림은 회사의 로고나 사진으로 대체 가능하다. (마우스 오른쪽 버튼을 클릭하면 나오는 '그림 바꾸기'를 선택하면 PC에 저장된 그림으로 대체할 수 있다.)

◆ 실적안 작성

1. 매월 마감된 실적은 '실적 만들기' 시트에서 초록색 셀이 표시된 곳에 입력한다.
2. 마감된 실적 월을 입력하면 마감된 실적 월까지는 실적으로 표시되고 그 이후 월부터는 모두 추정으로 표시된다.
3. 실적 월은 모든 분석 도표에 노란색으로 자동 표시되어 마감된 실적 월과 추정 월을 쉽게 구분해 준다.
4. 입력된 실적을 기준으로 그 추세와 기업의 성격에 따라 연말까지 차월의 추정실적을 자동 생성해 준다.
5. 자동으로 형성된 추정실적은 월별로 수정하거나 원하는 금액을 입력하면 자동으로 수정된다.
6. 매출에서 비용, 순이익까지 예산과 실적이 분석되어 시각적으로 용이하게 판별할 수 있는 23종류의 도표가 자동으로 형성되고 출력할 수 있으므로 예산 대 실적의 비교 분석을 쉽게 파악할 수 있다.

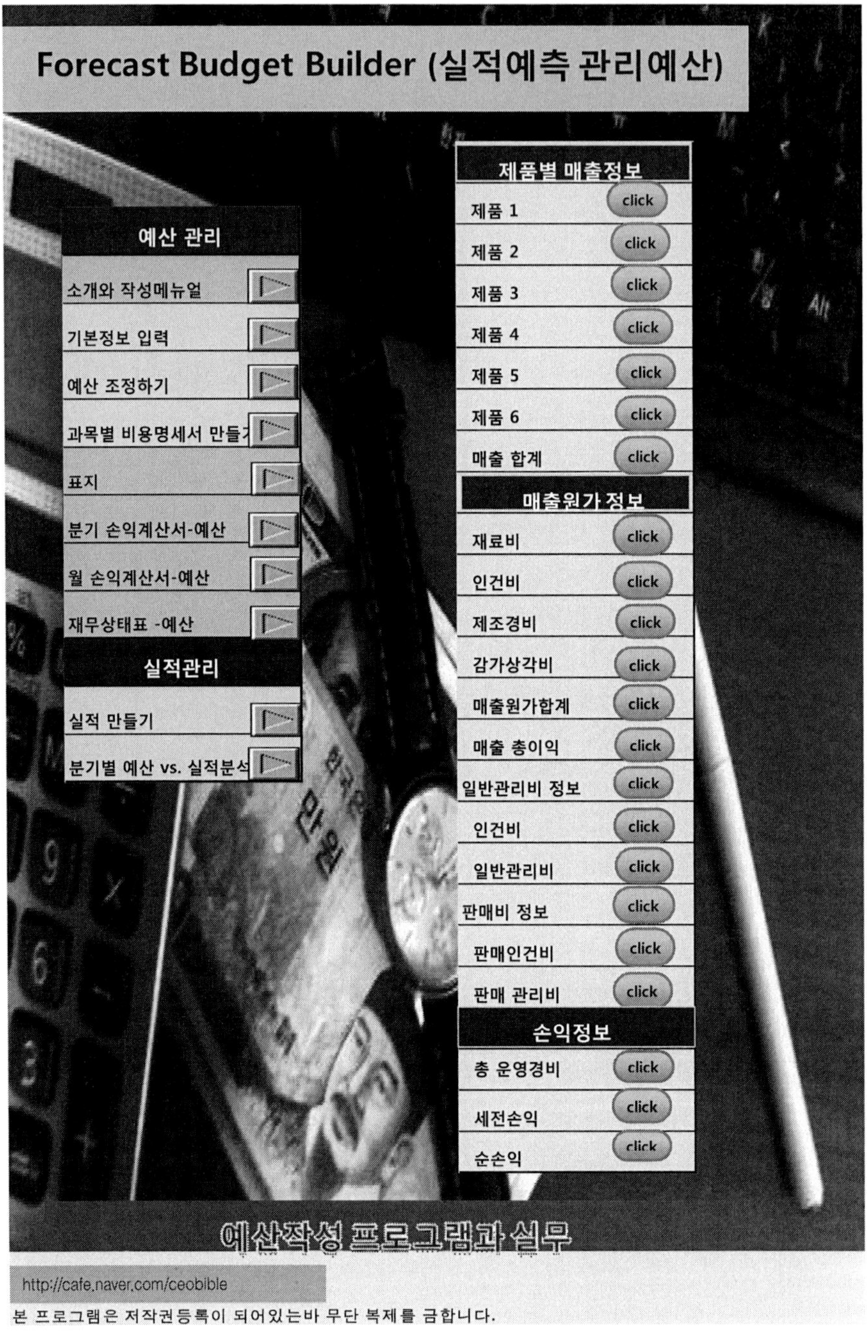

Forecast Budget Builder (실적예측 관리예산)

예산 관리

소개와 작성메뉴얼

기본정보 입력

예산 조정하기

과목별 비용명세서 만들기

표지

분기 손익계산서-예산

월 손익계산서-예산

재무상태표 -예산

실적관리

실적 만들기

분기별 예산 vs. 실적분석

제품별 매출정보

제품 1 click

제품 2 click

제품 3 click

제품 4 click

제품 5 click

제품 6 click

매출 합계 click

매출원가 정보

재료비 click

인건비 click

제조경비 click

감가상각비 click

매출원가합계 click

매출 총이익 click

일반관리비 정보 click

인건비 click

일반관리비 click

판매비 정보 click

판매인건비 click

판매 관리비 click

손익정보

총 운영경비 click

세전손익 click

순손익 click

예산작성 프로그램과 실무

예산작성 시스템 사용자 매뉴얼
(User Manual for Budget Builder)

01

예산작성 시스템(Budget Builder) 메뉴

예 산 작 성 시 스 템(Budget Builder)

♣ 예산에 관한 기본 자료를 입력하세요.

1 표지 (Cover Page for Budget Proposal)
2 예산 종합보고서 (Budget Review Report)
3 종합경영평가서(Management Capability Appraisal)
4 판매예산 (Sales)
5 매출예산 근거 (Sales Assumption)
6 인원현황 (Head Count)
7 인건비현황 (Labor Cost)
8 투자예산 (Capital Expenditures)
9 구매 및 재료비 예산 (Materials)
10 제조원가와 일반관리비 예산 (Expenses)
11 부서별 경비예산 (Expense by Dept.)
12 손익계산서 분석 (PL Analysis)
13 손익개선계획 (Action Plan)
14 분기와 월별 손익계산서 (PL)
15 제품별 손익계산서 (PL by Product)
16 분기와 월별 재무상태표 (Balance Sheet)
17 분기와 월별 현금흐름과 재무분석 (Cash Flow Analysis)
18 분기와 월별 실물 현금흐름표 (Real Cash Flow Direct Analysis)
19 전년도 실적과 예산 차이 분석 (Bridge)
20 부가가치 배분 경영분석 (Value Added Management)
21 기회와 위험 영향 분석 (Sensitive Analysis)
22 손익분기점과 재무전략분석 (BEP & SIMULATION)
23 경영비율 분석 (Management Ratio Analysis)
24 기업가치평가 (Company Valuation)
25 신용종합평가서 (Credit Appraisal Review)
26 CEO 경영 차트 (CEO Management Chart)

PW   성5781H

http://cafe.naver.com/ceobible   * 본 프로그램은 저작권등록이 되어 있어 무단 복제를 금합니다.

예산관리 시스템 (Rolling Forecast) 으로 이동

02

예산작성 시스템(Budget Builder)의 배경

예산 작성의 기간은 월, 분기, 년으로 구분 표시되며 본 시스템에서 선택하여 입력하게 되어 있다.

일반적인 예산안 작성에는 보통 2개월 이상 재무부서 혹은 기획부서가 주축이 되어 전 부서의 참여로 많은 인력과 시간 그리고 비용이 발생되지만, 투입된 비용 대비 효과 면에서는 예산작성의 경제성과 그 실효성을 생각하지 아니 할 수가 없다.

더구나 현대경영에서는 예산 무용론이 대두되고, 그 대타로 미국과 유럽에서는 Rolling Forecast, 자금관리, 투자관리 그리고 Risk Management, Action Plan이라는 새로운 혹은 변형된 대안이 예산을 대신하거나 보완되는 경영(Tool)으로 소개되어 응용되고 있다.

예산이 '관리를 위한 관리'라는 악평을 들을지는 몰라도 아직까지는 미국과 유럽에서도 예산제도를 도입하여 사용하고 있으며, 없앨 수도 없는 필수 경영관리 중의 하나임에는 틀림없다.

03

예산작성 시스템의 필요성

경영인, 주주 그리고 회사 이해관계인들이 예산에 관심을 표출하거나 관여하기를 원하는 것은 이를 통하여 다음 사항에 대한 접근이 가능하기 때문이다.

1) 매출이 어떻게 변동되는가? 그 원인과 대처방안은 무엇인가?

2) 투자가 필요한가? 투자를 한다면 어디에, 얼마를, 어떻게, 언제 써야 하며 그 효과, 매출증가와 수익창출은 기대만큼 가능한가?

3) 자금은 어떠한가? 차입금이 늘어나지는 않는가? 저리의 자금조달은 가능한가? 현금흐름을 개선시키는 방법은 무엇인가?

4) 영업이익은 어떠하며, 제품별 손익상태에 따라 어떠한 제품이 이익을 창출하고 어떤 제품이 손해를 끼치는가?

5) 회사 직원 1인당 평균 인건비는 얼마이며, 1인당 부가가치와 생산성 그리고 인건비는 어떻게 절감할 수 있는가?

6) 각종 경비, 제조경비, 일반관리비와 판매비 등은 매출에 따라 어떻게 변동하며 고정비는 어느 항목이고 경비절감은 어디서 해야 하는가?

7) 회사의 고정자산과 투자는 매출에 비교하여 적절한가, 아니면 과다한가? 경쟁업체는 얼마를 투자하는가?

8) 환율변동이 회사의 손익에 미치는 영향은 무엇인가?

9) 매출과 인건비가 외부 환경에 의거하여 급격히 변동하였을 경우 회사의 손익계획에 따라 어디까지 충격을 흡수할 수 있을까?

10) 회사의 목표매출과 손익은 얼마이며 월별, 분기별로 어떻게 계획되어 있는가?

회사는 다양한 이해관계인이 요구하는 자료들을 제한된 시간 내에 정확하게 만들어낼 수 있어야 하나, 예산 작업 과정에서조차 수시로 변하는 외부 및 내부 환경과 회사의 변경된 지침을 예산안에 적시로 반영하여 거의 완료된 모든 자료를 유기적으로 연결하여 모두 수정한다는 것은 결코 쉬운 일은 아니다.

본 예산 작성 시스템은 이러한 문제점을 해결하기 위하여 모든 Factor를 조립식으로 분리하고 표준화시킴으로써 독립적이면서도 유기적인 상관관계를 유지할 수 있도록 예산 작성 시스템을 설계하고 프로그래밍하였다.

마치 의사가 환자에게 먼저 질문을 던져 그 대답을 들어 진찰하고 처방하는 것과 같이 본 예산 작성 시스템은 예산에 필요한 다양한 질문을 기업 실무자나 경영간부 혹은 경영자에게 던지고 그 답변을 질문순서에 따라 입력하면 답변된 정보를 본 예산 시스템에서 가공 처리하여 회사의 실제적인 현실과 경영자의 의지가 반영된 예산안이 자동 생성되도록 설계되었다.

본 시스템의 예산 작성 기준 자료 역시 전통적인 방법으로 과거실적, 즉 전년도 자료를 기초로 하여 차년도 예산안을 추정하고 설계하는 방식으로 작성 되었다.

04

예산작성 시스템의 장점은 무엇인가?

1) 사장이나 경영간부가 직원의 적극적인 도움 없이도 직접 회사의 모든 업무, 경영 전반, 전략을 손쉽게 점검할 수 있다.

2) 점검된 결과는 스스로 개선·유지해 나갈 수 있다.

3) 회사의 기초 및 기본정보를 입력한 후 회사의 미래상이 청사진으로 표시되어 구체적이고 상세히 알 수 있는 재무예산안의 정수이며 최고의 수준이다.

4) 예산 작성은 준비되어 있다면 몇 시간 이내에 예산안 완성이 가능한 체계적인 시스템이다(어떠한 ERP 시스템도 할 수 없음).

5) 회사가 원하는 목표와 방향대로 시뮬레이션이 아주 손쉽고, 순간적으로 계산과 결과물 도출이 가능하다.

6) 본 시스템을 사용하면 경영대학원 이수 경험보다 더 많은 실전경험과 이론적인 전문가가 될 수 있다.

7) 본 시스템은 장시간 소요되는 예산 업무를 짧은 시간에 해결하는 속도성과 전문성을 갖추고 있다.

8) 회사의 사업계획, IR 자료, 투자처나 금융기간에 제출하는 사업계획도 외부의 도움 없이 즉시 지원된다.

9) 전략적인 경영이 도입되어 과거, 현재, 미래를 통합하여 회사 전반의 경영, 전략, 재무를 손쉽게 연결할 수 있다.

05

예산작성 시스템의 사용방법

본 예산 작성 시스템의 특징은 기본자료 난에 회사의 정보만 입력하면 모든 예산안이 자동으로 작성된다는 것이다(표지에 있는 26가지 보고서와 27가지 도표).

기본자료 난의 입력은 각 항목별로 질문에 답변하는 것이며, 회색으로 된 박스에만 입력하여야 한다(기본정보 난에 있는 15가지 질문 항목). 질문 항목에 간단히 답변 할 수도 있지만, 회사의 정책과 목표에 맞는 답변은 내부회의와 경영자의 결심이 요구될 수 있어 신중하게 정하여야 한다.

질문내용을 준비하다 보면 회사의 모든 정책과 전략을 스스로 규명하게 되어 있고, 회사의 현 상황과 목표달성을 위한 예산전략을 저절로 가질 수 있게 유도하거나 훈련을 받을 수 있는 것이 본 시스템의 장점이다.

06

예산작성 시스템의 내용과 구성

1) **표지**: 예산안을 제본하기 위한 타이틀의 첫 장이다. 회사의 상징이나 로고, 표시하고자 하는 그림은 표지의 그림에다 마우스 오른쪽을 클릭하면 '그림 바꾸기'가 나타나는 바 원하는 그림으로 용이하게 교체할 수 있다.

2) **예산 종합보고서**: 예산을 종합하여 정리(Summary)한 보고서로서, 모두 시스템에서 자동으로 종합보고서를 서술적으로 구현하는 차별화된 예산 시스템 중 일부이다. 시스템에서 자동으로 구현하다 보니 전문가가 직접 분석하여 보고서를 쓰는 것 보다는 만족한 종합보고서가 되지 못할 수 있어 지속적으로 본 종합보고서는 개선해 나갈 것이다.

3) **경영평가서**: 경영자의 경영능력을 주관적으로 표시하여 점수를 부과하는 것으로, 스스로 본 평가를 하는 동안 경영자의 경영능력을 다시 생각해보고 개선할 수 있는 기회가 주어질 것이다. 주관적으로 평가하는 것에 한계점이 있으나 주관적인 표시도 의미가 있을 수 있다. 이는 예산안의 일부라기보다는 하나의 예산 옵션으로 첨가한 것이다.

4) **판매예산**: 전년도와 실적을 대비하여 수량과 단가 차이를 나타내고, 월별/분기별로 작성된다.

5) **판매예산 근거**: 판매예산의 근거를 설명하고, 전년도 실적 대비 그리고

전체 판매시장 규모를 규명하고 시장점유율도 제시한다.

6) **인원계획**: 종업원 현황을 전년도 말과 예산연도를 분기별로 대비하여 직접생산직, 간접생산직, 관리직 인원으로 구분하여 현황을 보여준다.

7) **인건비계획**: 인원계획에 따라 직급별로 월별 평균인건비와 인건비 연합계액을 전년도 말과 비교하여 월별, 분기별로 나타낸다.

8) **투자예산**: 자본적 지출인 투자내역을 토지, 건물, 기계장치, 공기구와 비품, 전산장비, 차량운반구, 영업권 등 무형자산 취득, 그리고 임차보증금도 포함시켜 월별, 분기별로 투자 내역을 표시해준다.

9) **구매 및 재료비예산**: 재료비는 판매예산에 있는 품목과 수량 중심으로 전년도 대비 물가인상, 생산성, 공법변동, 손익개선안, 기타 구매가격 변동 등을 분석하여 재료비가 작성된다. 유통업의 경우는 재료비가 단순 상품 구매로 간주되며, 전년도 대비 차이, 기본적으로 수량과 단가 차이, 단종 품목 및 신제품으로 인한 차이 내역을 분석하여 나타낸다.

10) **제조원가와 일반관리비 예산**: 계정과목별로 전년도와 예산연도를 월별, 분기별로 대조하여 나타낸다.

11) **부서별 경비 예산**: 부서별로 계정과목별 예산연도를 월별, 분기별로 표시하며 부서별 경비예산 통제의 기준이 된다.

12) **손익계산서 분석**: 손익계산서를 전년도 실적, 예산 원안 그리고 손익개선 후 예산으로 구분하여 표시하고 상호 비교 분석하여 그 차이를 설명한다.

13) **손익개선계획**: 회사는 각 부서의 책임과 목표 역할 분담으로 예산안을 작성하지만 그 예산안이 회사의 목표에 미달하고 주주를 포함한 경영자의 요구에 미흡한 손익일 경우, 각 부서에는 추가로 손익개선

계획안이 요구된다. 각 부서는 추가 매출증대안, 비용절감 및 생산성 증가안을 작성하여야 한다. 또한 예산에 포함되어 있지 않은 위험요인, 즉 판매 감소, 특정경비 증가, 환리스크 등 부정적인 경제여건 변동도 위기관리(Risk) 난에 표시하여 사후관리할 준비를 갖추어야 한다.

14) **월별, 분기별 손익계산서**: 손익계산서는 관리목적에 따라 기간별로 구분된 손익계산서를 작성한다. 따라서 매월 혹은 분기별로 실적과 대비하여 그 결과치를 평가하고 분석하여야 한다.

15) **제품별 손익계산서**: 제품별 손익계산서는 기업 전략경영에 꼭 필요한 자료이다. 만들기가 까다롭고 원가와 비용배분에 정확성 및 합리성을 기하기가 어렵지만 일정 기준과 방침을 회사실정에 맞게 선택한다면 비교적 정확한 제품별 손익계산서를 만들 수 있다.

16) **재무상태표(Balance Sheet)**: 주요한 재무제표로서 손익계산서와 함께 필수적인 주요 자료이자 보고서이며, 회사의 자산 현황과 재무상태를 나타내준다. 기업에서 재무상태표 예산안을 만드는 것은 다른 재무제표(손익계산서)보다 어려운 과제이다. 회사의 재무부서 직원 중 손익계산서만 가지고 재무상태표 예산안을 정확히 만들 수 있는 부서원은 재무지식과 경영 전반의 논리적인 사고를 갖추고 있다고 할 수 있다. 재무부서에 이러한 능력을 가진 직원을 찾기가 쉽지 않지만, 교육과 훈련으로 업무능력을 증진시켜야 한다.

17) **현금흐름표**: 기업의 현금흐름표는 매우 중요하기에 아무리 강조해도 지나침이 없다. 한국에서는 IMF 이후 재조명되었고 회사의 손익보다는 현금보유, 즉 현금흐름을 보다 중히 여겨 현금흐름 이익에 관심을 가지게 되었다. 현금흐름표는 손익계산서의 경상손익에 운영자금의

중감, 그리고 투자와 감가상각비를 가감산 하여 산출되는 것이며, 월별·분기별로 회사의 순수 현금 중감을 나타낸다.

18) **실물 현금흐름표**: 현금흐름표는 재무제표에 지정된 기본 양식이며, 모두 간접법으로 작성된 것으로 실제적인 현금관리에 부적합하고, 전문가가 아니면 현금흐름의 이해와 판독이 어렵다. 따라서 직접법으로 현금흐름의 관리를 해나갈 수 있는 실물 현금흐름표가 요구되는 바 본 시스템은 실물 현금흐름표를 산출하여 제공한다.

이는 실제적인 월별 현금관리에 지원되는 강력한 툴로 다른 어떠한 시스템과도 차별화되어 있다.

19) **전년도 실적과 예산 차이 분석**: 예산은 제로베이스 예산을 제외하고는 통상 전년도 실적을 참조하여 작성되며, 전년도 실적과 상호 비교하여 차이 나는 것을 원인별로 분석한다. 이는 예산 작성의 기초적인 근거를 제공해주는 것이며, 그 차이를 규명하다 보면 예산 작성 시 흔히 발생하는 예산의 착오 혹은 실수, 가정의 모순적인 논리를 찾아낼 수 있을 뿐 아니라 작성된 예산이 전년도 실적 대비 어느 정도의 상하 변동이 있는지 쉽게 파악할 수 있다.

20) **부가가치 배분**: 기업의 부가가치가 어떻게 배분되는지를 한눈에 보여주는 것으로, 손익계산서에 명확히 나타낼 수 없는 것을 '부가가치 배분표'라는 이름으로 구분하여 표시하였다. 노동조합이 있는 기업에서 회사의 부가가치 배분이 어떻게 이루어지고 있는지를 투명하게 설명하고 공감과 협조를 구할 수 있는 자료로 사용 되면 유용하다.

21) **기회와 위험 영향 분석**: 예산은 예산일 뿐이다. 미래를 예측한다는 것은 어느 누구도 장담하지 못하며 정확히 맞힐 수 없다. 기업은 단지

최선책의 가정과 추정, 예측을 통하여 미래를 계획해보는 것이다. 따라서 최선의 가정과 예측하지 못한 급격한 경제변동에 의거하여 크게 변동되었을 경우는 그 주요 변화를 예측하고 그 변동 폭에 따라 손익이 어떻게 얼마만큼 변하고 영향을 주는지 분석하여 정리 해놓은 보고서이다.

22) **손익분기점과 재무전략분석**: 예산안을 중심으로 손익분기점을 산출하고 고정비, 변동비, 매출, 판매단가 등이 각기 변화할 때 어떻게 손익에 영향을 주는지에 대한 분석을 가능케 하는 표이다. 임의로 최대한 변동할 수 있는 변동폭(%)을 입력하면 모든 손익의 변동내역을 일목요연하게 알 수 있으며, 경영전략이나 재무분석 시뮬레이션이 가능한 예산안에서는 차별화된 시스템이다.

23) **경영분석비율표**: 작성된 예산안은 경영분석비율표에 대입시켜 성장성, 수익성, 안정성, 활동성, 생산성으로 구분된 경영분석비율표를 만들고 손익분기점과 부가가치 등 산업표준 분석표와 대비하여 회사가 어느 위치에 있는지 판단하는 기준을 제시한다.

24) **기업가치 평가**: 기업가치 평가에 일반적으로 적용하는 방법은 DCF 방식, EBITDA 방식 그리고 본질적 가치 방식 등 여러 가지 방법이 있으나, 본 장에서는 DCF 방식과 EBITDA 방식에 의거하여 예산안 기준으로 기업가치 평가를 실시하는 산출표를 제공하였다. 예산안에서는 그다지 필수적인 보고서가 아닐 수 있으나 예산안의 다양성과 차별성 일환으로 예산안에서 기업가치 평가서가 작성되게끔 산입시켰다.

25) **신용종합평가**: 신용종합평가는 예산안의 구성으로서는 보편적이지 않은, 차별화된 보고서 차원의 평가서이다. 신용종합평가는 금융기

관마다 평가하는 방법이 조금씩 상이하며, 한국 내에는 표준화된 신용종합평가서가 없는 실정이다. 그러나 기본적이고 어느 금융기관이나 공통적으로 사용하는 모든 평가항목을 모아 보편 타당하고 합리적인 평가 시스템을 작성하였다. 본 평가서의 등급이 금융기관의 기준과는 일치하지 않는다 하더라도 신용평가의 전반적인 흐름과는 일치한다.

26) **CEO 경영차트**: 작성된 예산안을 시각적으로 모두 다르게 표현한 것으로, 예산안 프레젠테이션이나 예산안을 그림으로 표현하고 커뮤니케이션을 할 수 있게 하였다. 총 도표(Chart)는 27가지로 거의 모든 보고서를 표현하였으나, 기업에 따라 필요한 도표가 없거나 불필요한 도표가 있을 수도 있다. 예산안의 각종 보고서와 평가서를 보다 시각적으로 판별하고 분석하며 공유하는 의미로서 경영차트 메뉴를 설계하여 추가하였다.

CEO 경영 차트(CEO's Management Chart)

1. 시장규모와 매출
2. 분기별 매출
3. 제품별 매출
4. 매출단가 VS. 재료비 단가
5. 예산연도 손익계산서 현황표
6. 인건비
7. 투자예산
8. 분기별 경비 현황
9. 계정과목별 경비
10. 부서별 경비
11. 부가가치
12. 손익분기점 분석
13. 예산연도 손익 현황
14. 예산연도 분기별 손익분석
15. 재무상태표 자산현황
16. 재무상태표 부채와 자본현황
17. 현금흐름
18. 운영자금 도표
19. 회전율 분석도표
20. 경영비율분석
21. 수익성 도표
22. 기회와 위험- 매출 감소 위험 시나리오 1
23. 기회와 위험-재료비 상승 위험 시나리오 2
24. 기회와 위험- 매출 증가 기회 시나리오 1
25. 기회와 위험-원가 절감 기회 시나리오 2
26. 기회와 위험-환율상승 시나리오 1
27. 기회와 위험-환율하락 시나리오 2

07

기준정보

1. 기준정보의 의미와 필요성

기업경영에 종사하는 소유자(owner), 경영인, 간부 그리고 재무부서나 기획부 직원들은 이미 회사에 필요한 현장경험, 그리고 그들만의 노하우가 있다.

그러나 정작 가장 필요한 기본적인 경영지식과 다양한 경영 정보를 회사가 요구할 때 납기 내에 정확한 자료를 도출할 수 있는지, 체계적인 경영 및 관리, 재무자료를 알고 있거나 산출할 준비가 되어 있는지는 의문을 가지고 자문해볼 필요가 있다.

본 시스템의 기본정보는 기업경영에 꼭 필요한 필수적인 용어와 개념을 다시 한 번 일깨워주고, 경영관리에 항상 따라다니는 기본적인 정보를 기업경영에 적응시켜 관리 지식과 경영실적을 한 단계 업그레이드시켜주게 되어 있다.

"진리는 가까운 데 있다."는 속담과 같이 "이미 알고 있어! 누가 그걸 모르나!"라고 태연히 말하는 경영자 혹은 경영간부들을 자주 본다.

이는 마치 우리가 물과 공기를 지구상에서 가장 귀중하고 소중하게 아껴 쓰고 잘 이용 하여야 한다는 것을 알면서도 지키지 않거나 모르고 있는 것과 같다.

본 예산 작성 시스템은 가장 기본적인 경영자료를 정리하고 단순화시켜 프로그래밍함으로써 경영의 기본정보를 예산 작성 시스템(Budget Builder)이라는 용광로에 녹여 체계적으로 기업에 필요한 경영 자료와 기업의 재무 청사진을 도출할 수 있도록 한 것이다.

예산 작성 시스템은 이제껏 경험하지 못한 전략경영, 예측경영, 미래경영, 분석경영이라는 기능으로 변신해가고 있다.

2. 기준정보 입력내용

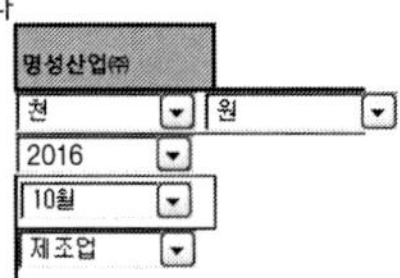

3 물가상승률 반영 :인플레이션 및 물가상승률의 반영 유무는 경영자의 결심에 따른다.

필요에 따라 물가상승률을 전혀 반영하지 않고 현재의 상태를 그대로 유지한다는 가정으로 예산 작성도 가능하다.

1 물가상승으로 인한 재료비 상승률은 ?	5.0%
2 연간 물가상승 및 호봉증감을 포함한 인건비 인상율은 ?	5.0%
3 제조경비와 일반경비 의 물가상승률은 ?	6.0%

4 원가절감률 반영: 물가상승률이 반영되며 그 반대로 원가절감률도 반영을 해주는 것이 논리적이다.

1 수율 향상으로 인한 재료비 절감 율은 ?	10.0%
2 생산성향상으로 인한 제조인건비의 절감률은 ?	4.0%
3 생산성 향상으로 인한 제조 비용절감률은 ?	3.0%
4 일반경비의 원가절감률은 ?	4.0%

5 제조 및 일반경비의 변동비율: 변동비란 매출의 증감에 따른 비용의 증감률을 말하는데 증감에 따라 변동하는 경비 즉 변동비 와 변동하지 않는 고정비로 나뉜다. 따라서 매출증감에 관련이 없는 고정비를 제외하면 총비용 중 몇 %가 변동비에 해당하는지를 알아야 한다.

변동비에도 비례하여 변동하는 것과 일정 부문 만 반영되어 부분변동비가 있어 그 변동되는 비율도 파악할 필요가 있다.

1 제조인건비 중 변동경비는 몇 %?	80.0%
2 제조직접경비 중 변동경비는 몇 % ?	70.0%
3 제조간접경비 중 변동경비는 몇 %?	70.0%
4 일반경비 중 변동비의 변동경비는 몇 %?	60.0%

6 회사는 원재료 매입부터 판매까지의 재고자산관리가 중요하며 본 자료는 대차대조표 작성과 현금흐름을 파악 하는데 필요한 정보이다. (제조업이 아닌 기타 업종인 경우는 1&2 항목이 공백이 된다.)

1 원재료 보유기간	30	일
2 재공품 보유기간	15	일
3 제품 보유기간	30	일

7 외환관리와 관련하여 환율예측과 매출 및 매입자료에서 수출과 수입이 차지하는 비율을 가정하고 환율변동에 따라 어떻게 손익에 영향을 주는지 파악할 필요가 있다.

1 전년도	예산연도 평균	Q1	Q2	Q3	Q4
1,100	1,065	1,080	1,070	1,060	1,050

2 매출에 직접 수출이 차지하는 비율	25.0%
3 재료비에 직접 수입자재가 차지하는 비율	30.0%

8 예산 작성이란 항시 가정과 최선의 추정으로 작성되어지기에 판단과 가정의 오류 그리고 생각지 못한 대내외적인 경제의 급격한 변동으로 불가항력적인 차이가 발생할 수 있다. 이러한 변동이 있을 시 그 변동폭의 변화에 따라 회사의 손익과 재무상태가 어떻게 변화하는지 분석할 필요가 있다.

1 위험 및 기회요소-판매증감변동률	15.0%
2 위험 및 기회요소-인건비 증감변동률	20.0%
3 위험 및 기회요소-환율변동률	25.0%

9 자금조달 비용계산과 현금흐름을 파악하기 위하여 기본 비용 이자율을 예측하여야 한다.

1 차입금 이자율은 ?	5.5%
2 투자자본조달 비용의 평균 이자율은 ?	10.0%

 대차대조표와 현금흐름을 위하여 가정되어야 할 기본 정보이다.

1	매출채권 현금수금률과 매출채권회수기간	100%	60 일
	매출채권 어음수금률과 평균어음일	0%	0 일
	받을 어음중 할인 %와 할인이자율은 ?	0%	6%
2	외상매입 현금지급률과 지급유예기간	100%	30 일
	매입채무 어음지급률과 평균어음기간	0%	0 일
3	고정자산매입 현금지급률과 지급유예기간	100%	60 일
	자산매입 어음지급률과 평균어음기간	0%	0 일
4	제반 경비 현금지급률과 지급유예기간	100%	15 일
	경비 지급어음지급률과 평균어음기간	0%	0 일
5	배당률은 자본금(이익잉여금 제외)의 % 와 지급시기(월)	0%	3 월
6	총 상여금은 월 급여의 몇 %와 지급시기는 ?	400%	400%

월	1	2	3	4	5	6
해당 월에 월 급여의 몇 %를 지급하는지 입력	0%	100%	0%	0%	100%	

월	7	8	9	10	11	12
	0%	0%	100%	0%	0%	

7	월평균 퇴사자 퇴직금 지급액과 월 전입액	- / 11,657	천원
8	예산연도 이후 평균 성장률	8%	%
9	선급비용(기타 미수금) 추정금액	7,227	천원
10	선수금 추정금액	12,051	천원
11	평균 현금 및 보통예금보유액	200,000	천원
12	대손충당금(외 매출+어음) 의 %	2%	
13	법인세율(주민세 등 포함)	22.5%	
14	전년도 말 은행차입계약 중 미사용 대출한도액(인출가능 액)	2,000,000	
15	직전연도 12월 매출액 4분기 말 매출액 ?	700,000	
16	직전연도 12월 말 외상매입 (재료비)액	300,000	
17	직전연도 12월 말 매입 지급어음 잔액	-	
18	직전연도 12월 미지급 투자 (고정자산) 액	90	
19	경비와 일반 관리비 총비용 중 부가세 발생분	90%	
20	직전연도 말 부가세 미지급 및 (환급)예정 액	46,000	1 월
21	직전연도 말 법인세 미지급 및 (환급)예정 액	102,676	3 월
22	직전연도 말 미지급 이자 및 (선급) 이자	-	
23	지급이자 중 미지급 및 (선급이자) 구성 %	0%	

11 만일 증자계획(자본금증가) 이 있다면 입력하세요

소요자금	금액	자금조달계획	금액(천 원)	증자시기 (월)
부채상환용	0	증자 자본금	-	1월 ▼
신규투자 및 부족운영자금용	0	증자 자본잉여금	-	
소요자금 합계	0	증자 납입금액	-	

*액면할증 발행 시 액면발행금액은 증자자본금에 나머지는 자본잉여금에 기입하시고 증자시기를 기입 예) Q2
(2/4분기일 경우).필요자금 합계와 소요자금합계가 일치되게 입력하세요.

12 연도 별 차입금 및 현금계정 조정 (시작 전에 회색 셸은 모두 '0' 로 하고 난 후 시작하여야 합니다)

내용/연도	2015년	2016년 1월	2016년 2월	2016년 3월	2016년 4월	2016년 5월	2016년 6월	2016년 7월	2016년 8월	2016년 9월	2016년 10월	2016년 11월	2016년 12월
1 대차대조표(재무상태표) 차 대변차이	0	-0	1	-0	-0	-0	-0	-0	-0	-0	-0	-0	-1
2 현금과 예금 잔액	560,000	848,199	-14,600	1,475,221	1,060,885	1,600,112	2,646,732	1,900,902	2,366,070	3,080,021	3,512,334	2,971,679	3,719,690
3 단기차입금 <상환>/차입		4,000,000	-5,000,000	0	-2,000,000	0	0	1,000,000	1,000,000	0	-1,000,000	-2,000,000	500,000
4 단기 차입금 잔액	6,500,000	10,500,000	5,500,000	5,500,000	3,500,000	3,500,000	3,500,000	4,500,000	5,500,000	5,500,000	4,500,000	2,500,000	3,000,000

1 재무상태표상의 현금과 예금은 부족할 경우 차입을 하여야 하고 잉여일 경우는 단기차입금을 상환하는 것입니다. 따라서
적절한 금액을 차입이나 상환 (차입은 + 로 표시하고 상환은 - 로 표시함) 으로 입력하여 적절한 현금보유액을 유지합니다.

2 단기 차입금 잔액이 (-) 마이너스가 되어서는 안됩니다.

현금과 예금의 수입이자 계산이 필요한 경우는 다음의 정보를 입력하시면 자동으로 수입이자가 계산되어 예산안(이자 난) 에 반영됩니다.

현금과 예금잔액 중 수입이자 계산에 반영되어야 할 부분 %	60.0% %											
예상되는 수입이자 예금금리 %	3.0% %											
상기 12·3의 현금과 예금 잔액을 입력 하세요. (수작업으로 입력 요함)	972,136	237,649	1,372,481	607,821	829,385	1,564,069	464,641	608,488	960,167	990,053	53,104	380,565
수입이자	1,458	356	2,059	912	1,244	2,346	697	913	1,440	1,485	80	571

13 손익분기점 분석과 목표매출액 추정

예산 년도에 목표영업이익이 있다면 얼마인가 ?-목표달성 이익을 위한 매출추정 액은 경영분석자료에서 제시함.

목표 영업이익	- 천원
목표 현금흐름	- 천원

14 기업가치평가와 신용평가를 위한 회사의 기본 금융정보

발행주식 총수	1,500,000 주
자본환원 율 (자본환원 율은 금감원에서 발표하기도 하나, 통상 정기예금의 1.5배 수준임)	9.5% %
회사창업이력	4 년
기업형태(4.상장, 3.등록, 2.외감, 1.기타)	1

15 종합경영능력 평가서

(해당하는 등급에 * 표시가 되어 있고 회사평가점수는 A ~ E 에 따라 점수가 아래와 같이 10 ~ 3.5로구성)

		10	8.5	6.5	4.5	3.5
No.	점검항목	A	B	C	D	E
1	회사제품시장의 미래와 장래성		*			
2	회사제품 및 회사명의 지명도와 경쟁력		*			
3	주력제품과 시장을 선도하는 제품력		*			
4	영업조직과 판매를 주도하는 영업력		*			
5	최고경영자의 경영능력	*				
6	연구조직과 인원 그리고 기술력		*			
7	생산조직과 품질, 효율화를 기하는 생산력		*			
8	기업의 유지와 성장 투자의 자원인 자금력	*				
9	종업원 퇴출의 유연성과 충성도 에 따른 인 재력	*				
10	회사의 강력한 조직력과 비전이 있는 기업문화		*			

Note: 92 점 이상: A, 85점 이상:B, 65점 이상:C, 45점 이상:D, 45점 미만:C

08

기본정보 입력내용 해설

　기본정보에 대한 바른 이해가 예산을 작성하고 본 시스템을 올바르게 사용할 수 있는 핵심인 바 아래와 같이 간단명료하게 규명 및 해설을 하였으니 명확하게 이해하여야 한다.

1. 회사의 기본정보

(1) **상호/명칭/Title**: 본 시스템을 실행시키는 목적에 따라 그 명칭을 입력하여 모든 정보가 나타나게 만든다. 회사 상호, 프로젝트 명 혹은 원하거나 적합한 명칭을 입력한다.

(2) **통화와 단위**: 보고서에 표시되는 모든 기준통화와 단위. 즉 일, 천, 만, 십만, 백만 등 통상 원화를 기준으로 하는 단위는 외형이 천억 이상 되는 기업은 백만 단위, 중소기업은 천 단위가 권고되지만 원하는 단위를 임의로 정할 수 있다.

(3) **계획연도와 월**: 본 전략경영자료에 나타나는 목적 회계연도를 지시하여야 하며 그에 따라 예산연도, 사업계획, 시작연도, 투자 후 영업개시 연도, 또는 목적하는 회계연도를 시작하는 달을 표시하기도 한다. 자금관리 모듈에서는 마감된 월 표시를 요구하는 수가 날짜의 입력을 요구할 수 있다.

(4) 현재 연도 혹은 예산 직전 연도의 가마감을 도와주기 위해 예산안에 반영된 가마감 월을 입력한다. 가마감된 자료는 본 시스템에서 연 마감으로 산출해주기 때문이다.

(5) **제조업과 비제조업:** 예산 작성 시스템에서 제조업과 비제조업 사이에는 다소의 차이가 나고, 비제조업에는 제조원가 개념이 없기 때문에 기본정보에 대한 질문과 각종 보고서에는 제조원가 부문이 생략된다.

2. 가마감 자료 입력과 주요 정보 입력

(1) 투자

투자는 기업을 유지 발전시키는 데 기본적으로 필요한 물적 행위이다. 기업은 꾸준히 매년 투자를 함으로써 발판을 마련한다. 투자는 양면의 칼로서 기업 성장의 발판이자 기업을 도산으로 몰고 갈 수도 있으므로 투자결정은 매우 신중을 기하되 절대 투자를 제때에 하지 못하는 실기를 해서는 안 된다. 필자는 '투자분석 판단 시스템'을 별도로 소개함으로써 기업의 투자결정을 도와주는 모듈을 공개할 것이다.

투자는 언제, 무엇을, 어떻게 투자하느냐는 정보가 기본이며 그것을 중심으로 자금흐름과 수익률 분석이 이루어진다.

현재 마감된 장부에 의거하여 고정자산의 잔존 가격, 전년도 말 감가상각 누계액을 입력하여야 하고 투자 내역과 (만일 있다면) 고정자산 처분계획을 월별로 아래의 요령으로 입력한다.

▶ 설정된 양식 안에 계정과목별로 월별·분기별 투자금액을 입력한다.

▶ 고정자산 매각이나 처분계획이 있다면 계정과목별로 월별 및 분기별 매각 및 처분계획을 입력한다.

▶ 계정과목별 회사의 내용연수, 즉 감가상각기간을 입력한다.

▶ 예산 작성에는 장부상의 전년도 말 고정자산 취득금액, 감가상각액과 감가상각 누계액이 요구되며 이는 전년도 말 고정자산과 감가상각비에 대한 내역을 기초로 신규 투자액을 반영하여 변동된 고정자산과 감가상각을 합리적으로 계산하고 변동되는 추이를 재무상태표와 현금흐름에 반영하여야 한다.

(2) 매출정보와 매입정보

① 매출정보

현재 회사의 제품을 대·중·소로 분류(그룹별)하여 표준화가 되게 하여야 한다.

회사의 시작과 끝은 매출이기에 매출에 대한 정량적인 분석 전략을 도출하기 위해서는 표준화가 필수적이다.

본 시스템은 제품을 30종류까지 수용할 수 있으며, 가능한 한 10종류 미만의 중분류 그룹에 의거하여 예산을 관리할 것을 권고한다.

회사가 마감된 현재의 매출 현황을 입력하면 나머지 달의 매출은 잔여기간 비율로 매출이 정해지고, 조정이 필요하면 증감 조정하여 예산 직전연도의 매출에 관한 정보를 확정한다.

확정된 직전연도 매출안을 근거로 예산연도의 매출안을 작성하는데, 그 진행 절차는 시스템에서 품목별로 수량 증감, 단가 증감 그리고 추가 조정을 거쳐 예산안이 작성된다.

작성된 매출예산안은 월별로 할당하여야 하는데 이에 필요한 월별 할당률을 입력하여야 한다.

품목 중 일률적인 월별 할당이 맞지 않는 경우는 2가지 품목까지는 별도의 할당률을 입력하여 월별 매출액을 조정 혹은 확정한다.

매출정보는 예산연도뿐 아니라 직전연도의 자료도 필요하며 다음과 같은 자료가 준비되어 설정된 양식에 입력할 준비가 되어야 한다.

전년도 실적

▶ 제품명

▶ 수량과 매출

▶ 현재 달: 시기상으로 직전연도의 매출이 마감되지 않았기에 마감된 달을 표시하여야 한다.

▶ 증감조정 수량: 현재까지의 실적을 입력하면 자동으로 매출이 가마감되며 추가조정이 필요할 경우는 증감 조정 수량을 입력함으로써 직전연도 매출을 가마감한다.

예산 및 사업연도

▶ 단종되는 제품과 수량

▶ 전년도 대비 매출수량 증가율과 매출단가 인상/인하율

▶ 신제품명과 수량 및 단가

▶ 작성된 계획안이 만족스럽지 못할 경우 추가 수정 보완하는 수량과 단가

▶ 판매 시장규모: 제품별 금액으로 표시하는 것이며 시장점유율 계산에 필요하다.

▶ 분기별 매출 할당률: 분기별로 연매출 규모를 분배하는 할당비율을 말한다.

② 재료비 및 매입정보

재료비와 매입정보는 매출계획과 제품명 및 수량과 연계되어 작성된다.

재료비는 회사가 정한 BOM에 따라 원부자재의 소요량과 구매단가를 파악하여 입력한다.

양식에 따라 품목별로 설계 변경, 기타 손익조정을 거쳐 재료비 예산안이 작성된다.

물가인상이나 생산성 증감은 별도의 가정에 의거하여 자동으로 계산되어 반영된다.

전년도 실적

▶ 재료비 혹은 매입금액

예산 및 사업연도

▶ 공법변동

▶ 기타 조정

(3) 인원 및 인건비 정보

회사의 인원 정보에는 직능 별로 구분하고 직급 별로 월 평균 급여를 산정하여 입력한다. 회사는 조직과 직능 및 급여체계가 각기 틀리는 바 이에 따라 설정에 맞게끔 수정하면 된다. 인원 정보와 인건비는 편의상 분기별로 계산되며 인건비 인상율은 별도의 가정에서

정하여 진다. 인원은 직무 별로 아래와 같이 구분하였다. 직전 년도 즉 현재의 월평균급여를 기초로 하여 평균급여를 조정하여 계획 년도의 인건비가 되었다. 인건비는 직접비와 간접비로 나누며 인건비에 관한 많은 경영분석자료가 산출되어 표시된다.

전년도 실적

▶ 현재 월: 시기상으로 전년도의 결산이 마감되지 않았기에 현재까지 마감된 달을 입력한다.

▶ 인원 현황: 직무별, 즉 생산직, 관리직, 임원 등의 구분으로 현재의 인원 현황을 입력한다.

▶ 직전연도 말 인원조정 현황: 현재의 인원에서 직전연도 말을 가정하여 추가로 입력한다.

예산 및 사업연도

▶ 분기별로 직무별 인원 현황 입력

▶ 직전연도 말 직무별 월평균 인건비: 월평균 인건비를 기본급, 시간외수당, 보험료와 후생비, 상여금 그리고 퇴직충당금으로 구분하여 현재, 즉 직전연도 말 직무별 월평균 인건비를 계산하여 준비한다. 현재의 평균 인건비에 인상률과 기타 조정금액을 가정하여 계획연도의 직무별 월평균 인건비를 산출하여 계산한다.

(4) 제조경비와 일반관리비

① 제조경비

제조경비는 일반적으로 널리 사용되는 계정과목 중심으로 나열하고, 직접비와 간접비로 구분하였다. 제조경비는 업종에 따라 약간 달리할 수 있으며, 추가적인 선택을 할 수 있도록 설계되어 있다.

전년도 실적

▶ 현재 달: 시기상 직전연도의 매출과 비용이 마감되지 않았기에 마감된 달을 기록하여야 한다.

▶ 직전연도 현재 월말의 누계 제조경비: 계정과목별로 현재의 제조경비 누계액을 입력한다.

▶ 직전연도 증감조정금액: 직전연도 현재 월말 누계금액과 잔여기간의 제조경비가 직전연도 제조경비가 자동 계산된 후 직전연도 추정금액이 만족하지 않을 경우 증감조정을 재조정하여 제조경비를 추정한다.

예산 및 사업연도

▶ 예산목표 수익 조정금액: 직전연도 제조경비의 실적은 물가인상과 원가절감이라는 가정 하에 모두 자동으로 계산되어 계획연도의 제조경비로 추정된다. 그러나 만족하지 못하거나 추가 목표손익 조정이 필요할 때는 조정금액을 입력하여 재조정한다. 그럴 필요가 없을 때는 '0'이나 빈 공간으로 남겨놓으면 된다.

② 일반관리비

일반관리비는 일반적으로 널리 사용되는 계정과목 중심으로 나열하고 직접비와 간접비로 구분하였다. 일반관리비는 업종에 따라 약간 달리할 수 있으며, 추가적인 선택을 할 수 있도록 설계되어 있다.

전년도 실적

▶ 현재 달: 시기상 직전연도의 매출과 비용이 마감되지 않았기에 마감된 달을 입력한다.

▶ 직전연도 현재 월말의 누계 일반경비: 계정과목별로 현재의 제조경비 누계액을 입력한다.

▶ 직전연도 증감조정금액: 직전연도 현재 월말 누계금액과 잔여기간의 일반경비가 자동 계산된다. 만일 직전연도 일반경비가 자동 계산된 후 직전연도 추정금액이 만족스럽지 않을 경우 증감조정을 하여 일반경비를 추정한다.

예산 및 사업연도

▶ 예산목표 수익 조정금액: 직전연도 일반경비의 실적은 물가인상과 원가절감이라는 가정 하에 모두 자동으로 계산되어 예산연도의 제조경비가 추정된다. 추정된 일반경비가 만족스럽지 못하거나 추가 목표손익 조정이 필요할 때는 조정금액을 입력하여 재조정한다. 그럴 필요가 없을 때는 '0'이나 빈 공간으로 남겨놓으면 된다.

⑸ 전년도 손익계산서와 재무상태표

전략경영을 하기 위해서는 직전연도의 손익계산서와 재무상태표가 정리(마감)되어 있어야 한다. 모든 미래전략은 과거와 현재의 데이터에서 시작되고 서로 연결되어 있다.

과거 실적은 예산과 상호 비교하여 검토해볼 수 있는 기회를 제공하고 평가할 수 있는 기준이 되기도 한다.

⑹ 경비의 제품별 배분 기준

제품별 손익계산서를 작성할 때는 그 정확성과 배분의 합리성에 초점이 모아진다.

배분의 일반적인 기준은 아래와 같은 3가지이며, 제품과 계정과목별로 어디에 비중을 두어 배부하느냐가 관건이다.

① 매출 중심의 배분,

② 시설 및 기계 중심의 배분,

③ 인원 및 인건비 중심의 배분.

배분 기준은 업종과 기업의 여건에 따라 다르기에 일률적으로 배분 기준을 정하기는 어려움이 있어 배분 기준을 회사 실정에 맞게 자체적으로 선택하여 입력할 수 있게 설계되어 있다.

본 장에서는 일반적이고 합리적인 배분 기준을 아래와 같이 표시하여 참고하였다.

▶ 인건비: 제품에 투여된 인원비율로 배분

▶ 감가상각비: 매출비율과 고정자산 및 설비비율을 50:50으로 감안하여 배분

▶ 제조경비: 매출비율과 인건비비율 그리고 설비비율을 33:33:33으로 감안하여
배분

▶ 운반비: 매출비율로 배분

▶ 일반관리비: 매출비율과 인건비비율을 50:50으로 감안하여 배분
배분의 합은 항상 100%가 되어야 하며, 회사의 실제 인원 합계와 배분인원은
일치되어야 한다.

(7) 부서별 비용조정

경비예산을 부서별로 확정하는 절차이다. 각 부서에서 요청하거나
입력된 경비와예산에서 산출된 예산안 금액과의 차이를 산출하여
예산 조정을 통하여 예산안을 확정하는 것이다.
차이금액을 조정하는 방법에는 3가지가 있는데, 회사의 실정에 맞
게 선택하여 실시한다.

▶ 차이금액을 부서별로 균등 조정
▶ 각 부서에 가중치를 주고 시스템으로 조정하는 방법
▶ 건별로 수작업에 의거하여 개별 조정하는 방법

3. 물가 정보

물가상승 혹은 인플레이션에 따른 재료비, 인건비, 경비의 상승률을 예측한다. 필요하다면 상승요인을 전혀 고려치 않고 현재의 가격과 물가수준 그대로 미래를 가정하거나 실행 혹은 예측하여 현재와 미래를 가격변수 없이 서로 단순 비교하여 그 차이요인을 용이하게 분석해 낼 수 있다. 그러할 때는 물가정보 난에 '0'을 표시하면 되고 물가변동을 고려할 경우는 최선의 물가변동 및 가격상승의 예측자료, 즉 미래 물가정보의 상승률 및 하락률을 입력한다. 이러한 물가정보의 예측은 전문가의 조언이나 경제동향에 의거하여 경영자의 판단에 따라 그 비율과 반영 여부를 결정하면 된다.

① 물가변동으로 인한 재료비 변동률은?

② 호봉증감을 포함한 인건비 상승률은?

③ 제조경비와 일반경비의 물가변동률은?

4. 원가절감계획

기업은 생존과 무한경쟁시대에 살아남기 위해 상승하는 물가와 원가 상승 요인을 흡수하고 지속적인 원가절감 운동을 하지 않으면 지속적인 원가 상승요인을 피할 수 없다. 수율 향상, 제조공법 및 설계 변경, 노동생산성 향상, 외주용역 등을 통하여 물가상승을 뛰어넘는 원가절감 의지 없이는 국내외 경쟁에 뒤지게 된다. 물론 원가절감이 쉬운 것은 아니지만 원가절감에 대한 의지와 구체적인 실행계획으로 구체화함으로써 목표달성을 할 수 있게 된다.

① 수율 향상으로 인한 재료비 절감률은?

② 생산성 향상으로 인한 인건비 절감률은?

③ 생산성 향상으로 인한 제조경비 절감률은?

④ 경비절감계획에 의한 일반경비 원가 절감률은?

만일 상기 3의 물가정보 난에 적힌 가격상승을 본 예산안에 반영시키지 않았을 경우는 원가 절감률도 없는 것으로 간주하고 반영시키지 않는 것이 일반적이지만, 물가정보와 관계없이 원가 절감률을 반영하여 의욕적인 경영개선을 시도할 수도 있다.

5. 고정비와 변동비

모든 비용에는 매출, 즉 기업영업 및 운영과 관계없이 고정되어 있는 경비가 있고 기업운영과 매출에 따라 변동하는 변동비가 있다. 물론 고정비라고 해서 100% 고정이라고 할 수 없는 경비도 많지만 회사의 특성에 맞게 분류한다.

고정비는 영업활동, 즉 매출이 없더라도 발생하는 비용으로 매출이 없거나 감소할 때는 회사의 큰 부담요소가 되지만, 고정비가 보상되는 일정 매출이 발생하는 이후는 이익은 기하급수적으로 급상승하게 된다. 이러한 일정 매출이 바로 손익분기점이 되고 기업경영에 중요한 변수가 되기 때문에 항목별로 고정비와 변동비를 구분하여야 한다.

따라서 인건비 및 경비 중 생산 및 매출과 연동하여 어떻게 변동하는지 변동률을 분석하여 표준화된 데이터를 만들어야 한다.

① 제조인건비 중 변동경비율은?

② 제조직접경비 중 변동경비율은?

③ 제조간접비 중 변동경비율은?

④ 일반경비 중 변동경비율은?

물론 절대적인 고정비와 변동비는 존재하지 않지만, 그래도 기업의 현실에 맞는 고정비와 변동비의 비율을 통계적으로 산출하여 적용 내지 응용하는 것이 경영관리가 진일보하는 과정이다.

6. 재고자산

기업은 원재료 혹은 상품 매입부터 판매까지 일정 부분 재고자산을 보유하고 있다.

재고자산은 회사의 자금을 재고의 형태로 변형하여 가지고 있는 것으로, 재고의 과다는 결국 현금흐름에 부정적인 영향을 주고 자금 및 금리의 부담이나 부실재고의 우려를 가지고 손익에 영향을 주게 된다. 기업은 회사가 보유하고 있는 각종 형태의 재고자산 회전율과 평균 보유기간을 파악하여 구체적인 개선목표를 세워나가야 한다.

① 원재료 보유기간

② 재공품 보유기간

③ 완제품 보유기간

7. 환율변동과 예측

환율은 알게 모르게 기업운영과 실적에 영향을 주고 있으며 업종과 기업여건에 따라 보다 직접적이거나 지대한 영향을 주기도 하고, 그렇지 않기도 한다.

본 시스템에서는 기준 외국통화의 환율 예측과 그 변동에 의거하여 회사의 손익이 어떻게 달라지는가를 상세하고도 알기 쉽게 보여준다.

① 직전연도와 예산연도 분기별 환율 예측(사업계획에는 5년간 환율 예측이 필요함)

② 매출에 환율 영향을 받는 수출매출이 차지하는 비율

③ 매입에 환율 영향을 받는 수입자재(상품 혹은 재료비)가 차지하는 비율

8. 위험요인과 기회요인

예산, 사업계획 혹은 전략경영의 예측자료는 불확실한 미래를 경험과 통계 그리고 각종 공적 발표 자료에 의거하여 최선의 판단이라는 가정 하에 만들어진다.

그러나 실제로는 생각지 못한 국내외적인 변동으로 가정한 것보다 많은 변화가 발생할 수 있다. 그중에서 가장 영향력 및 가능성이 큰 것을 4가지로 유추하여 처음 예측했던 가정보다 최대폭으로 변동할 경우 회사의 손익과 재무상태에 얼마나 큰 영향을 미치는지를 보는 것이다.

또한 본 시스템은 변동폭 1%의 차이가 얼마의 영향을 미치는지, 혹은 5~30% 변동 시는 어떠한지를 한눈에 알 수 있는 분석표를 보여주기 때문에 위기관리의 데이터로 활용할 수 있다.

따라서 회사가 예측하는 최대한의 변동폭(Risks) 비율을 입력하게 되어 있다.

① 위험 및 기회요소(매출): 가정한 것보다 실제 판매가 변동폭 % 증감되었을 때

② 위험 및 기회요소(인건비/재료비): 가정한 것보다 실제 인건비 혹은 재료비가 변동폭 % 증감되었을 때(인건비와 재료비 중 선택)

③ 위험 및 기회요소(환율): 가정한 것보다 실제 환율변동이 변동폭 % 증감되었을 때

9. 자금조달비용

자금조달비용은 회사의 지급이자를 형성하고 있는 평균차입금리를 말하는 것이며, 자본조달비용으로는 자본조달금리가 포함된 총자본금리가 있다.

총자본비용금리(WACC)란 자본금이 요구하는 투자기대수익률과 금융권 평균차입금 금리의 산술평균값을 말한다. 총투여자본수익률을 계산할 때 적용되는 비용금리이다.

① 차입금 이자율은?

② 자본비용의 평균 비용(이자)률은?

10. 재무상태표 및 현금흐름표 작성에 필요한 기본정보

손익계산서는 매출과 비용의 가정만으로 가능하나 재무상태표 작성은 까다롭다. 가정이 많을수록 정확하게 접근할 수 있지만, 그렇지 않

을 경우는 신뢰할 수 있는 논리적인 재무상태표 작성이 어려워진다. 특히 정확한 현금흐름 예측에는 보다 세부적인 가정이 추가 설정되어야 현금흐름 및 예측 자금관리가 가능하다.

① 매출채권 회수기간은?

② 매출 받을 어음의 평균기간은?

③ 지급채무 지급기간(지급어음기간 포함)은?

④ 인건비 및 관리경비 미지급기간은?

⑤ 창업 후 영업개시기간은?

⑥ 선급비용(기타 미수금) 추정금액은?

⑦ 선수금 추정금액은?

⑧ 월평균 퇴직금추정지출액(퇴직충당금감소액)은?

⑨ 평균 현금 및 보통예금보유액은?

⑩ 대손충당금(외매출+어음)은 몇 %인가?

⑪ 회사가 부담하는 법인세율(주민세 등 포함)은?

11. 자본금 증자계획

만일 예산연도 내에 자본금 증자계획이 있다면 증자시기(월)와 금액을 입력하여야 한다. 증자금액이 액면가 이상일 경우 초과하는 금액은 증자 자본잉여금에 입력한다.

12. 단기 차입금 조정

예산안이 정해지면 재무제표가 만들어지는데, 순 현금흐름의 차이에 의거하여 재무상태표의 현금과 예금계정이 과다하게 많거나 현금이 부족하여 마이너스(-) 현금과 예금계정이 자동으로 나타난다. 그 과부족 상황을 보고 단기차입금을 늘리거나 상환함으로써 현금과 예금계정을 적절히 유지하기 위함이다. [현금과 예금계정과 차입금 계정은 마이너스(-)로 표시되어 있어서는 안 된다.]

또한 양호한 영업실적으로 인하여 현금과 예금계정이 과다할 때 일정부분은 수입이자 계산을 할 수 있어 수입이자 계산은 자동으로 표시되어 있는 현금과 예금계정을 수작업으로 입력시키고 예금금리 이자율을 입력시켜 산출하게 하는 옵션이다.

13. 전략 시뮬레이션을 위한 예산 목표액 추정

손익분기점과 시뮬레이션 시트에 요구되는 목표 영업이익과 목표 현금흐름을 입력하는 것으로 필요하지 않을 경우 입력하지 않아도 된다.

14. 기업가치와 신용평가를 위한 기본정보

예산 시스템의 차별화된 보고서로서 기업가치평가와 신용평가를 위해 추가로 필요한 4가지 기업정보이다.

① 발행주식 총수

② 자본 환원율

③ 회사 창업이력(결산 횟수)

④ 기업형태

15. 손익개선계획(Recovery Plan

예산 대비 실적이 저조한 경우는 손익개선계획을 세우고 전사적인 활동계획(Action Plan)을 만들어 관리해 나간다.

손익개선계획은 사전예측관리 시스템에 필요한 것으로 다음과 같은 요령으로 실시된다.

기회요인(Opportunities)

① 손익개선이 어느 계정과목에 해당하는지 계정과목을 명기한다.
② 손익개선을 주도하는 책임부서와 책임자 그리고 내용을 기술한다.
③ 실현 가능성을 판단하여 백분비(%)로 표시한다.
④ 손익개선계획이 구체화되어 결실되면 계획 완료시기 난에 날짜를 표기한다.
⑤ 연도 중 분기별 혹은 월별로 손익이 개선되는 금액을 기입한다.

위험요인(Risk)

예산에는 없지만 예측하지 못한 손실요인이 예측될 시는 명기되어야 한다.
① 손실이 어느 계정과목에 해당하는지 계정과목을 명기한다
② 손실을 주도하는 책임부서와 책임자 그리고 내용을 기술한다.
③ 손실 가능성을 판단하여 백분비(%)로 표시한다.
④ 손실이 확실시되어 구체화되는 시점을 계획완료시기 난에 날짜를 표기한다.
⑤ 연도 중 분기별 혹은 월별로 손익이 개선되는 금액을 기입한다.

16. 기타

본 장에서 설명되지 않은 기타 예산 작성에 필요한 가정들이 있을 수 있으며 예산 작성 시스템 작성과정에 나타날 수 있다.

예산과 관리 시스템 도해

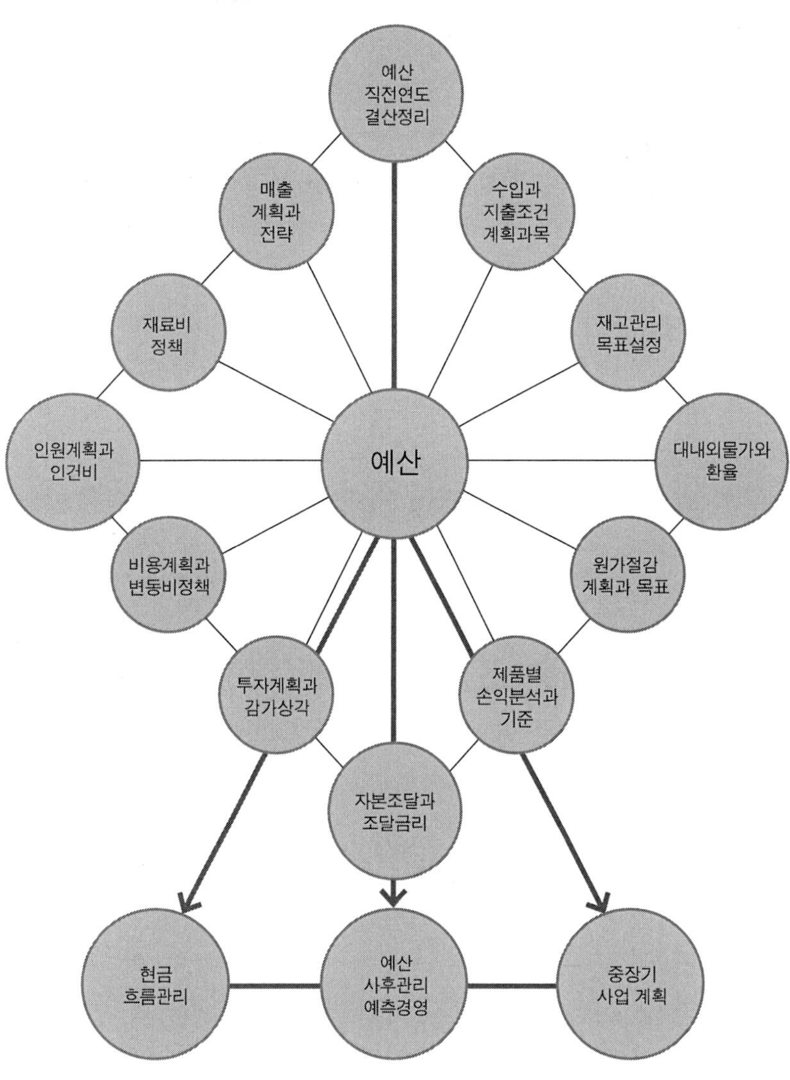

제5장

예산작성 시스템 사용자 매뉴얼(User Manual for Budget Builder)

10

예산 사후관리(Rolling Forecast)
사용자 매뉴얼

1. 예산관리와 사후 추정관리 소개

(1) 예산 사후관리와 월별 추정관리

예산이 완료되면 향후 예산관리와 예산 대 실적, 그리고 잔여 회계 기간 동안의 추정 매출과 손익을 알아보고 예산과 경영에 대한 통제, 추적관리, 비교검토, 분석 등에 의하여 예측경영 및 전략경영을 해나가야 할 것이다.

예산이 확정되고 난 후 다음 사업연도에 진입하여 영업 및 생산, 관리운영이 시작된다. 적어도 매월 관리할 수 있는 보고 시스템이 요구되나 회사에 따라 환경과 여건이 다르므로 분기별 관리를 선택할 수 있고, 가능하면 월별 관리 시스템을 도입하여 시행한다.

본 시스템은 월별과 분기별 관리가 모두 가능하게 설계되었으며 아래와 같은 메뉴로 구성되어 있다.

(2) 월 마감과 예산 사후관리

월 마감은 근무일 5일 이내에 이루어져야 한다. 어떤 회사는 "우리 회사는 업무 성격상 근무일 5일 내에 실시한다는 것이 불가능합니다." 라는 변명(?) 아닌 핑계를 댄다. 하지만 어떠한 이유도 받아주

어서는 안 되고, 이러한 규칙을 지키지 못하면 기업의 관리수준과 경영의 질은 영원히 상향으로 업그레이드 할 수가 없다.

선진 기업에서는 근무일 3일 내에 월 마감과 필요한 자료가 산출되는 것이 최근의 추세임을 볼 때 기업이 가야 할 길임을 누차 강조하지 않을 수 없다.

2. 예산 사후관리 시스템(Rolling Forecast) 메뉴

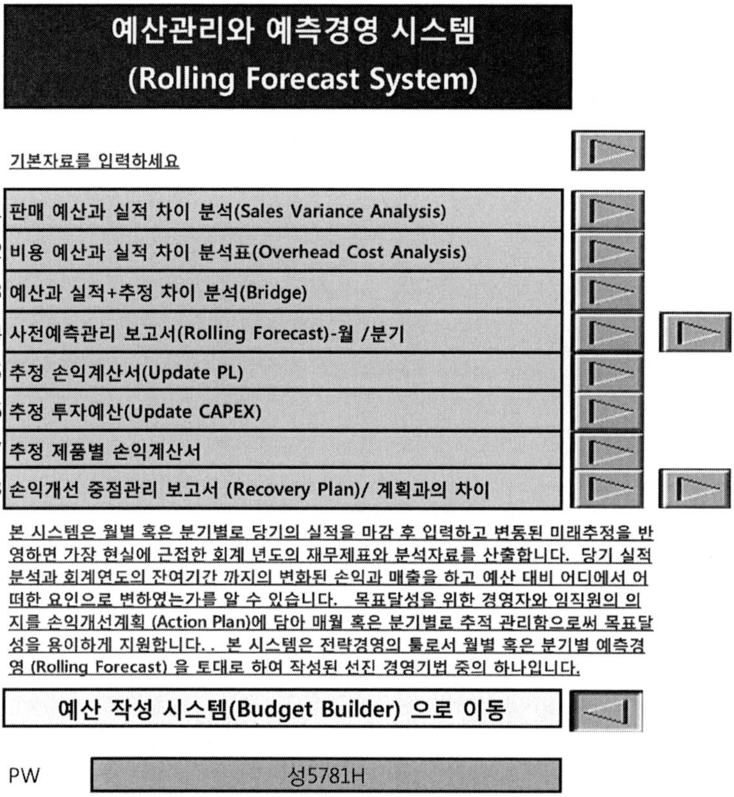

예산관리와 예측경영 시스템 (Rolling Forecast System)

기본자료를 입력하세요

1 판매 예산과 실적 차이 분석(Sales Variance Analysis)

2 비용 예산과 실적 차이 분석표(Overhead Cost Analysis)

3 예산과 실적+추정 차이 분석(Bridge)

4 사전예측관리 보고서(Rolling Forecast)-월 /분기

5 추정 손익계산서(Update PL)

6 추정 투자예산(Update CAPEX)

7 추정 제품별 손익계산서

8 손익개선 중점관리 보고서 (Recovery Plan)/ 계획과의 차이

본 시스템은 월별 혹은 분기별로 당기의 실적을 마감 후 입력하고 변동된 미래추정을 반영하면 가장 현실에 근접한 회계 년도의 재무제표와 분석자료를 산출합니다. 당기 실적 분석과 회계연도의 잔여기간 까지의 변화된 손익과 매출을 하고 예산 대비 어디에서 어떠한 요인으로 변하였는가를 알 수 있습니다. 목표달성을 위한 경영자와 임직원의 의지를 손익개선계획 (Action Plan)에 담아 매월 혹은 분기별로 추적 관리함으로써 목표달성을 용이하게 지원합니다.. 본 시스템은 전략경영의 툴로서 월별 혹은 분기별 예측경영 (Rolling Forecast) 을 토대로 하여 작성된 선진 경영기법 중의 하나입니다.

예산 작성 시스템(Budget Builder) 으로 이동

PW   성5781H

3. 기준정보와 입력내용

회사의 기준정보

1 회사의 사전관리시스템에 대한 적절한 명칭이나 회사 이름을 입력합니다.

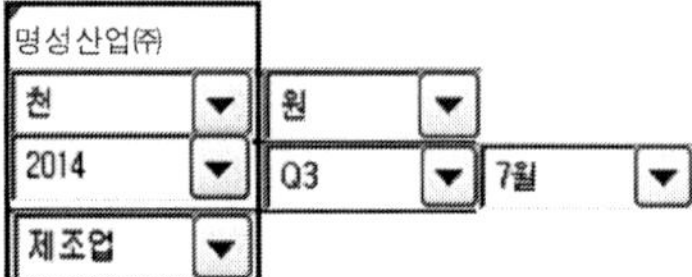

    1 회사명 혹은 프로젝트 명을 기입하세요

    2 통화 구분과 단위를 선택하세요

    3 관리연도와 분기와 월을 선택하세요

    4 제조업과 비제조업을 선택하세요

2 예산작성 시스템을 사용하여 기 예산안이 작성된 경우는 "예산기본정보 사용" 을
선택하시고 그러하지 아니하고 별도의 예산안으로 새롭게 작성하는 경우는 [예산기본정보사용 ▼]
우측 박스에 "새로이 입력" 을 선택하고 아래에 입력을 하셔야 합니다.

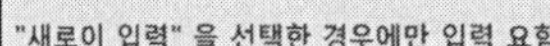

    1 매출예산

    2 손익계산서

    3 경비명세서

       제조경비

       판매.일반관리비

    4 재무상태표

    5 현금흐름표

    6 투자명세서

3 제조 및 일반경비의 변동비율: 변동비란 매출의 증감에 따른 비용의 증감률을 말하는데 증감에 따라 변동하는 경비, 즉
변동비와 변동하지 않는 고정비로 나뉘고, 그 변동비 중에서도 매출증감에 따른 비례변동비의 비율을 알 필요가 있습니다.
예산작성프로그램의 기본정보를 그대로 사용 혹은 새로이 입력을 선택하세요 [예산기본정보사용 ▼]

1 제조인건비 중 변동경비 는 몇 %?	80.0%	80.0%
2 제조경비 중 변동경비는 몇 %??	70.0%	70.0%
3 제조간접경비 중 변동경비는 몇 %?	70.0%	25.0%
3 일반경비 중 변동경비는 몇 %?	60.0%	60.0%

4 매출실적과 추정치를 예산대비 입력하세요. (큰 변동이 없어 면 예산을 그대로 입력함)

5 제조원가 경비 (예산안 대비 큰 변동이 없으면 예산안 그대로 입력 요함)

6 일반관리비 경비 (예산안 대비 큰 변동이 없으면 예산안 그대로 입력 요함)

7 영업 외 손익 추정 안 (예산안과 변동이 없으면 예산안 금액을 그대로 입력 요함)

8 투자예산 (예산안과 변동이 없으면 예산안 금액을 그대로 입력 요함)

9 실적 및 추정과 예산차이 분석 (Rolling Forecast) 에 조정사항 입력요함

10 종업원 수

	전년도	Q1	Q2	Q3	Q4
예산안	118	118	118	118	118
추정 안	118	119	119	119	119

11 손익 개선 계획 (Recovery Plan):

4. 기준정보 입력내용과 해설

(1) 매출분석

월 마감을 하고 난 후에는 필히 매출 분석을 하여야 한다.

표준화된 매출예산에 맞추어 실적을 산출하여 예산과 비교하여 그 차이를 검토 분석 하여야 한다.

이러한 분석이 가능하기 위해서는 표준화된 매출예산이 선결되어야 하며, 회사의 제품을 대·중·소 그룹으로 표준화하여 평균단가와 수량으로 항시 비교 검토가 가능 하게 하여야 한다. 본 시스템은 그룹내지 제품 품목을 30개 이하로 제한하여 설계되어있다.

1) 월별 매출마감과 향후 추정매출 업데이트

마감된 실적에 따라 매출을 산출하고 향후 잔여 회계기간 내의 매출은 예산안을 그대로 유지하거나 현실적으로 추정매출 안을 업데이트시킨다. 마감된 매출 실적+잔여기간 추정 매출 안을 매출예산과 같은 양식에 입력하여 예산안과 비교 가능하게 한다.

2) 예산안 대비 실적+추정매출 안 비교분석

작성된 매출 실적+매출 추정은 매출예산과 대비하여 그 차이를 산출하고 매출에 대한 판매단가 차이, 판매물량 차이와 제품 디자인 및 다른 스펙 (Spec.) 에 따른 차이(모두 기타 차이)를 산출하여 매출 실적에 대한 차이가 자동으로 산출되어 구체적인 검토와 매출실적 개선안이 도출되도록 한다.

① 단가 차이

② 수량 차이

③ 기타 차이

(2) 비용분석

매출 차이 분석표를 작성한 다음 단계는 비용에 대한 실적을 예산과 대비하여 검토하여야 한다.

계정과목별로 마감된 실적은 예산과 쉽게 비교되는데, 산출된 금액 차이는 계정과목별로 아래와 같이 구별하여 차이금액을 (%)로 구분한다.

물론 부서별 비용실적과 예산 대비도 필요하나 본 시스템은 전사적인 전략경영 차원에서 전체 금액을 계정과목별로 분석 검토하는 것에 초점을 두었다.

① 물가 혹은 가격인상 요인

② 매출(혹은 생산)의 증가와 감소에 따른 요인

③ 일시적인 차이 혹은 조정 요인

비록 주관적인 판단이지만 그래도 각 항목별로 비용 차이의 원인을 규명한다는 것은 큰 의미가 있고, 향후 예산 작성이나 원가절감계획을 세우는 데 도움이 된다.

그리고 추가로 판매량과 매출, 예산액 등과 비교하여 효율 차이, 단가 차이, 수량 차이를 합리적이고 기술적으로 산출하여 보고서를 만들 수 있다.

물론 비용은 제조비용과 판매 일반관리비로 구분되나 모든 비용은 이러한 방법으로 분석한다.

(3) 투자추정(자본적 지출)

예산 중에서 투자예산만큼 예산과 차이가 크게 발생될 여지가 많은 것은 없다. 투자예산은 특히 시행시기와 지출시기를 정확히 예측하는 것이 어렵고, 계획된 투자계획이 연기되거나 취소되고 계획에 없던 것이 시행되는 경우가 있기 때문이다.

이러한 차이를 한눈에 살펴볼 수 있게 하는 투자(자본적 지출) 차이를 업데이트시켜 놓는 것이 중요하며, 특히 투자관리는 자금관리를 보다 현실적으로 접근하게 한다.

(4) 영업 외 손익 업데이트

영업 외 손익에는 지급이자와 수입이자 그리고 기타 영업 외 손익이 있다.

예산안 작성 시 지급이자를 제외하고는 정확한 영업 외 손익을 예측하는 것은 어려운 일이다.

사업연도에 들어와서 실제적인 운영 중에 영업 외 손익이 가시화될 때 업데이트시켜줌으로써 현실적이고 사실적인 추정손익계산서를 재 작성하여 나갈 수 있다.

(5) 실적과 예산차이 분석

실적 및 추정을 입력하다보면 그 결과치로 예산 대비 차이가 나타나며 그 차이는 시스템에서 자동으로 규명하여 준다. 그러나 시스템에서 자동으로 원인규명을 해주는 것은 한계가 있어 차이금액의 일부는 원인이 구명되지 않은채 시스템에서 나타나게 된다.

시스템에서 나타나는 원인불명의 차이는 가능하면 원인규명을 하여 원인별로 입력을 해주는 것을 권장하나, 그 차이 금액이 적고 원인을 밝히기가 어렵거나 까다로울경우는 '일시적차이'나 '규명되지 않는 차이'에 그 차이금액을 그대로 입력하여도 무방하다.

(6) 종업원 수 수정안

실제 종업원 수를 분기별로 입력 하여 예산 대비 인원수 변화를 알고 인건비 차이를 분석 할 수 있게끔 한다.

(7) 손익개선계획(Recovery Plan)

실적 손익이 예산 대비 현저히 미달 할 경우는 회사에서 추가적인 손익개선계획을 세워 목표달성을 위한 비상계획을 세워야 한다.

예산안 작성시 손익개선계획이 있다면, 이러한 손익개선계획이 실제로 달성 되고 있는지를 실적과 새로이 작성되는 손익개선계획안과 대비하여 스스로 분석하고 그 개선책을 논하여야 한다.

본 시스템은 그러한 손익개선계획 시스템을 제공하며 필요하다면 손익개선계획을 구체적으로 작성하여 회사 목표에 근접할 수 있도록 유도하는 시스템이다.

5. 예산 사후관리 내용과 구성

(1) 실적+추정 손익계산서

매출 실적과 추정 그리고 비용 차이와 추정 안을 가지고 예산안과는 별개로 가장 현실적인 당해 연도 추정 손익계산서를 작성할 수 있다. 추정 손익계산서에 따라 추정 재무상태표, 추정 현금흐름표를 만들 수 있다. 이러한 일련의 사후관리가 매우 번거로울 것 같으나 시스템을 도입하여 최소한의 마감자료, 즉 매출과 비용만 입력하면 모든 업데이트된 보고서와 분석 자료가 자동으로 산출된다.

(2) 예산손익과 추정손익 연결표(Bridge)

상기 설명한 방식에 의하여 예산손익과 추정손익이 작성된다면 한눈에 볼 수 있는 연결표도 쉽게 작성할 수 있다.

경영자는 연결표에 의거하여 당해 연도의 실적과 추정손익이 예산과 대비하여 어떠한 차이가 있는지 가장 간단하게 살펴볼 수 있다.

(3) 추정 투자 (Update CAPEX)

투자예산은 그대로 집행 되기는 현실적으로 어려운바, 투자가 변동되거나 지급기간, 금액 등의 변동을 입력하여 업데이트된 추정 투자를 산출하여 볼 수 있다.

(4) 추정 제품별 손익계산서

실적과 미 도래된 월 혹은 분기를 포함하여 제품별 손익계산서가 산출된다. 업데이트된 제품별 손익계산서는 회사의 손익이 어떻게 흐르고 있는지 어느 제품에서 이익과 손해가 나는지 예산 대비 어느 품목에서 차이가 나는지를 분석하기 위한 것이다.

(5) 실적분석 및 예측 보고서(Flash Report)

매월 혹은 분기별로 실적과 사업연도 전체를 상세하게 알 수 있는 보고서이다. 보고서 한 장에 제품별 매출분석부터 비용과 기타 모든 사항이 분석되고 전체적으로 총정리 되어 월간, 분기, 다음 분기 그리고 사업연도 전체를 알 수 있게 설계된 선진 관리기법이다

(6) 손익개선 중점관리 보고서(Recovery Plan)

실적 손익개선안이 만들어지면 예산 손익개선안과 대비가 되는데 그 대비된 차이를 한 눈으로 볼 수 있도록 손익개선 중점관리 보고서가 작성된다.

예산작성 시스템 샘플 양식

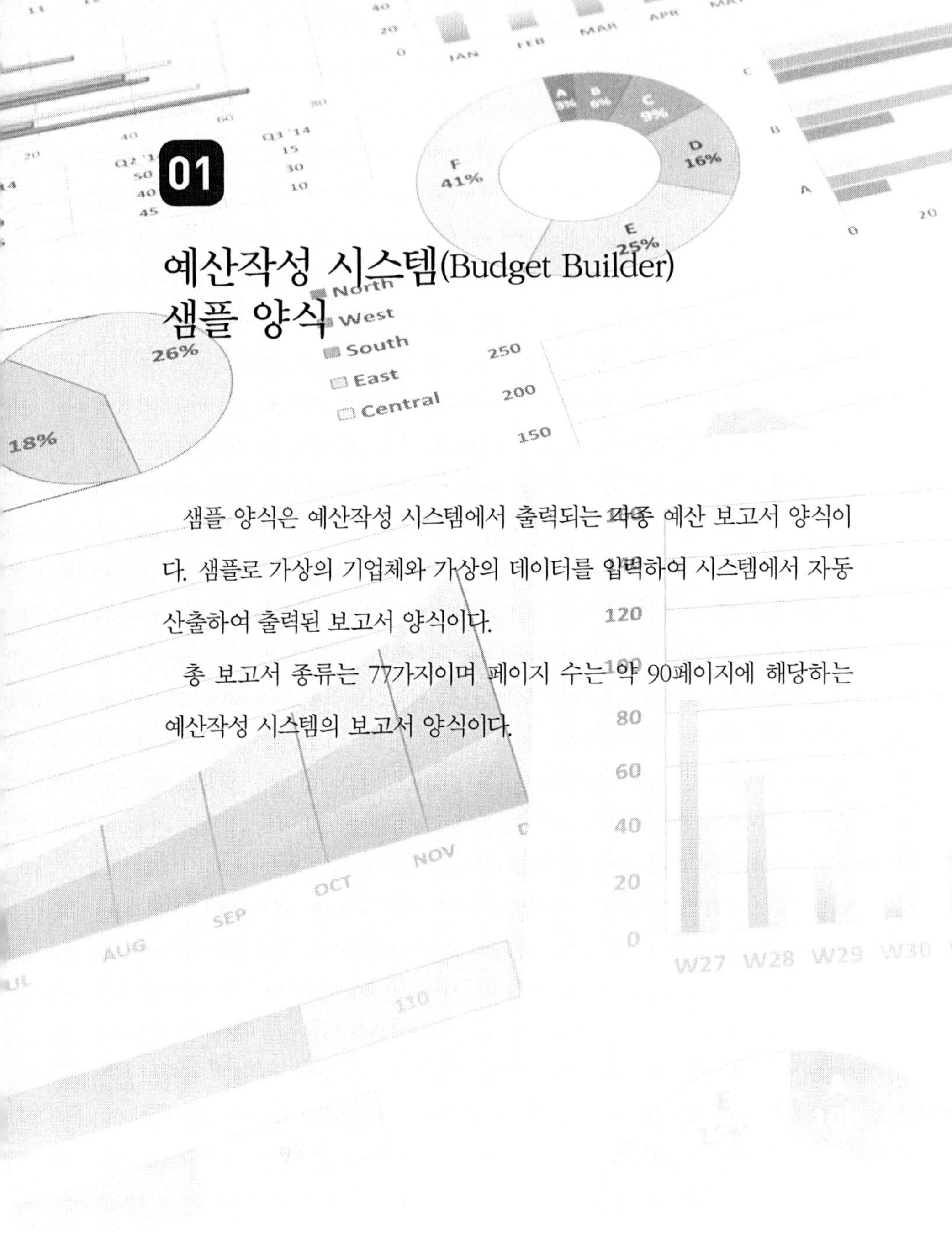

01

예산작성 시스템(Budget Builder) 샘플 양식

샘플 양식은 예산작성 시스템에서 출력되는 각종 예산 보고서 양식이다. 샘플로 가상의 기업체와 가상의 데이터를 입력하여 시스템에서 자동 산출하여 출력된 보고서 양식이다.

총 보고서 종류는 77가지이며 페이지 수는 약 90페이지에 해당하는 예산작성 시스템의 보고서 양식이다.

예산 작성 시스템 산출 양식 샘플과 목차

항목번호	예산작성시스템 내용
1	예산 작성 시스템 메뉴
2	표지
3	예산 종합보고서
4	종합 경영능력 평가서
5	전년도 대비 매출예산 분석
6	월별 매출예산
7	매출예산 근거와 시장상황
8	분기별 인원계획
9	분기별 인건비계획
10	월별 인건비계획
11	투자예산
12	전년도 대비 재료비계획
13	월별 재료비계획
14	분기별 제조원가계획
15	분기별 일반경비계획
16	월별 제조원가계획
17	월별 일반경비계획
18	부서별 제조원가계획
19	부서별 일반경비계획
20	전년도 대비 예산 비교 손익계산서
21	손익 개선계획
22	분기별 손익계산서
23	월별 손익계산서
24	제품별 손익분석표

항목번호	예산작성시스템 내용
25	분기별 재무상태표
26	월별 재무상태표
27	분기별 현금흐름표
28	월별 현금흐름표
29	분기별 실물 현금흐름표
30	월별 실물 현금흐름표
31	전년도 대비 예산 영업이익 분석
32	부가가치배분 경영관리표
33	위기와 기회분석
34	손익분기점과 재무전략
35	경영비율 분석
36	DCF 방식에 의한 기업가치평가
37	유가증권법과 EBITDA 기업평가
38	신용평가표
39	CEO 경영차트 메뉴
40	시장규모와 매출현황
41	분기별 매출현황
42	제품별 매출현황
43	매출단가 vs. 재료비 단가
44	분기별 손익계산서 도표
45	인원현황과 평균임금
46	투자예산
47	분기별 경비현황
48	제조경비와 일반관리비 현황
49	부서별 제조경비와 일반관리비 현황
50	부가가치
51	손익분기점

항목번호	예산작성시스템 내용
52	손익현황
53	분기별 예산손익 분석
54	자산현황
55	부채와 자본현황
56	순(잉여) 현금흐름
57	분기별 운영자금도표
58	각종 회전율 도표
59	경영비율 분석
60	전년도 대비 수익성 비교
61	위험 시나리오 1
62	위험 시나리오 2
63	기회 시나리오 1
64	기회 시나리오 2
65	환율 시나리오 1
66	환율 시나리오 2
67	예산관리와 예측경영 시스템 메뉴
68	분기별 매출 예산 대비 실적 분석
69	월별 제조원가 차이
70	월별 일반경비 차이
71	예산과 실적차이 분석 (Bridge)
72	월별 사전예측 관리분석 보고서
73	분기별 사전예측 관리분석 보고서
74	분기별 실적 + 추정 손익계산서
75	추정 투자예산
76	실적 제품별 손익분석표
77	손익개선계획

예산 작성 시스템 (Budget Builder)

♣ 예산에 관한 기본 자료를 입력하세요.

1 표지 (Cover Page for Budget Proposal)

2 예산 종합보고서 (Budget Review Report)

3 종합경영평가서 (Management Capability Appraisal)

4 판매예산 (Sales)

5 매출예산 근거 (Sales Assumption)

6 인원현황 (Head Count)

7 인건비현황 (Labor Cost)

8 투자예산 (Capital Expenditures)

9 구매 및 재료비 예산 (Materials)

10 제조원가와 일반관리비 예산 (Expenses)

11 부서별 경비예산 (Expense by Dept.)

12 손익계산서 분석 (PL Analysis)

13 손익개선계획 (Action Plan)

14 분기와 월별 손익계산서 (PL)

15 제품별 손익계산서 (PL by Product)

16 분기와 월별 재무상태표 (Balance Sheet)

17 분기와 월별 현금흐름과 재무분석 (Cash Flow Analysis)

18 분기와 월별 실물 현금흐름표 (Real Cash Flow Direct Analysis)

19 전년도 실적과 예산 차이 분석 (Bridge)

20 부가가치 배분 경영분석 (Value Added Management)

21 기회와 위험 영향 분석 (Sensitive Analysis)

22 손익분기점과 재무전략분석 (BEP & SIMULATION)

23 경영비율 분석 (Management Ratio Analysis)

24 기업가치평가 (Company Valuation)

25 신용종합평가서 (Credit Appraisal Review)

26 CEO 경영 차트 (CEO Management Chart)

PW 성5781H

httep://café.daum.net/ceopeter   * 본 프로그램은 저작권등록이 되어 있어 무단 복제를 금합니다.

예산관리 시스템 (Rolling Forecast) 으로 이동

명성산업㈜

예산 제안서

2016년도

2016년도 11월

*** 상기의 사진이나 그림은 오른쪽 마우스를 클릭하면 "그림 바꾸기"가 나옵니다. "그림 바꾸기"을 클릭하여 저장된 회사의 전경이나 로고를 클릭하여 사진이 바뀌고 사이즈를 마음대로 조정 가능합니다.

명성산업㈜

2016년도 예산 종합보고서

회사 예산은 회사방침과 전략목표하에 2016년도 회사목표를 설정하고 전사적인 팀웍으로 작성되었다. 어려운 대내외적인 경제환경과 치열한 경쟁시장에서 성공하기 위한 각고의 노력이 녹아있는 예산안은 다음과 같이 간략히 요약된다.

1. 예산 주요지표

(도표상의 금액단위는 백만 원임)

년도	2015	2016
매출	50,045	65,614
재료비	31,432	35,887
인건비	2,819	2,895
제조경비	6,529	8,199
감가상각비	1,040	1,171
일반관리비	2,842	3,289
영업손익	5,384	14,172
투자	560	3,800
금융비용	850	816
차입금	16,500	13,000
재고	7,595	10,184
부가가치	12,084	21,528
EBITDA	6,423	15,343
현금흐름	- 4,905	7,475
종업원수	118	117

2. 매출

회사의 2016년도 매출은 65614 백만원 이며 전년대비 금액으로는 15569 백만원 증감비율로는 31.11 % 매출 증감으로서 시장의 요구와 회사의 도약준비가 완료되어 급격한 매출신장이 예상된다.

3. 재료비

예산년도의 재료비 비율은 54.7 % 로서 전년도 재료비 35887 백만원, 비율 63 % 에 비한다면
전사적인 부단한 노력으로 8.1 % 만큼개선 되어 수익성향상에 기여하였다

4. 인건비

인건비 예산은2895 백만원 으로서 매출대비 4.4 % 이며 전년도와 대비 하면 금액으로는 76백만원 이 늘었고
비율로는 -1.2 % 가 줄었다.
예산년도의 인원계획은 117 명으로서 전년도 대비 -1 명이 줄었고 일인당 매출액 그리고 일인당 부가가치는
각기560.8 백만원 그리고 184 백만원 이다. 일인당 매출액 차이는 136.7 백만원이 늘었고 일인당 부가가치
차이는 81.6 백만원으로서 부가가치가 늘었다

5. 제조경비

제조경비는 매출액 대비 12.5 % 이며 전년도 (13 %) 대비 절감하였다

6. 감가상각비

감가상각은 기업회계원칙과 세법에 의하여 회사가 신고한 내용연수에 따라 정률법으로 계산되었다
예산년도의 감각상각비는 1170.8 백만원으로서 매출대비 1.8% 이고 전년도에 비하여 131.3 백만원이 증가되었다.

7. 일반관리비

상기 일반관리비는 인건비와 감가상각이 제외된 순수 관리비 로서 일반적으로 고정비 혹은 준 고정비 성격을 띄고 있다. 예산년도의 일반관리비는 3289 백만원으로서 매출대비 5 % 이며 전년도 대비 금액차이는 447.4 백만원 으로서 증가 했으며 비율로는-0.7 % 감소 하였다.

8. 영업손익

예산년도의 영업손익은 14172 백만원으로서 매출액 대비 21.6 % 가 되며 전년도와 비교 하며 10.8 % 가 좋아졌다. 이는 회사의 영업성적이 비율로는 전년도 보다 개선 된다는 것이며 영업이익율 을 계속 증대시켜 나가야된다.

9. 투자 (자본적 지출)

예산년도의 자본적지출 즉 투자는 3800 백만원으로서 EBITDA 와 현금흐름 을 감안할때 차입금 증가없이 자체내의 자기자금으로 가능하다.

10. 재고

예산년도의 재고는 10184 백만원 으로서 전년도에 비하여 2590 백만원이 늘었다. 매출증감율을 감안할때 매출변동에 따른 재고 관리계획이 적절하게 조정되지 못하고 있다.

11. 금융과 현금흐름

금융비용은 815.6 백만원으로서 매출액 대비 1.24 % 이며 차입금에 대하여는 약 6.3 %의 평균이자율 을 단순 수치상으로 보여주고 있다. 전년대비 차입금은 -3500 백만원이 줄어들고 재무제표상에 나타나는 평균 이자율은 1.1 %가 늘어난다
회사의 현금흐름은 7475 백만원 으로서 플러스(+) 현금을 보여주는 양호한 현상이다.

명성산업㈜

종합 경영능력 평가서

(해당하는 등급에 * 표시가 되어 있고 회사평가점수는 A ~ E 에 따라 점수 가 아래와 같이 10 ~ 3.5 로구성)

No.	점검항목	10 A	8.5 B	6.5 C	4.5 D	3.5 E
1	회사제품시장의 미래와 장래성		*			
2	회사제품 및 회사명의 지명도와 경쟁력		*			
3	주력제품과 시장을 선도하는 제품력		*			
4	영업조직과 판매를 주도하는 영업력		*			
5	최고경영자의 경영능력	*				
6	연구조직과 인원 그리고 기술력		*			
7	생산조직과 품질, 효율화를 기하는 생산력		*			
8	기업의 유지와 성장 투자의 자원인 자금력	*				
9	종업원 퇴출의 유연성 과 충성도 에 따른 인재력	*				
10	회사의 강력한 조직력과 비전이 있는 기업문화		*			
	평가등급 (점수)	B	89.5			

Note: 94 점 이상 : A, 87점 이상: B, 67점 이상:C, 47점 이상:D, 47점 미만:C

명성산업㈜

2016년도 전년도 대비 매출예산분석

단위 천원

CODE	제품명	실적10 개월+2 개월			예산			차이분석		
		단가	수량	매출	단가	수량	매출	수량차이	단가차이	차이
1	2차전지	200,000	58	11,600,000	220,000	70	15,312,000	2,320,000	1,392,000	3,712,000
2	디스플레이	100,000	93	9,300,000	100,000	93	9,300,000	-	-	-
3	고굴절류 소재	75,000	233	17,475,000	78,750	350	27,523,125	8,737,500	1,310,625	10,048,125
4	촉매	10,000	1,167	11,670,000	11,000	1,225	13,478,850	583,500	1,225,350	1,808,850
5		-	-	-	-	-	-	-	-	-
6		-	-	-	-	-	-	-	-	-
7		-	-	-	-	-	-	-	-	-
8		-	-	-	-	-	-	-	-	-
9		-	-	-	-	-	-	-	-	-
10		-	-	-	-	-	-	-	-	-
11		-	-	-	-	-	-	-	-	-
12		-	-	-	-	-	-	-	-	-
13		-	-	-	-	-	-	-	-	-
14		-	-	-	-	-	-	-	-	-
15		-	-	-	-	-	-	-	-	-
16		-	-	-	-	-	-	-	-	-
17		-	-	-	-	-	-	-	-	-
18		-	-	-	-	-	-	-	-	-
19		-	-	-	-	-	-	-	-	-
20		-	-	-	-	-	-	-	-	-
21		-	-	-	-	-	-	-	-	-
22		-	-	-	-	-	-	-	-	-
23		-	-	-	-	-	-	-	-	-
24		-	-	-	-	-	-	-	-	-
25		-	-	-	-	-	-	-	-	-
26		-	-	-	-	-	-	-	-	-
27		-	-	-	-	-	-	-	-	-
28		-	-	-	-	-	-	-	-	-
29		-	-	-	-	-	-	-	-	-
30		-	-	-	-	-	-	-	-	-
	양산품 계		1,551	50,045,000	409,750	1,737	65,613,975	11,641,000	3,927,975	15,568,975
31	기타제품	-	-	-	-	-	-	-	-	-
매출 합계			1,551	50,045,000		1,737	65,613,975	11,641,000	3,927,975	15,568,975

수량차이	11,641,000
단가차이	3,927,975
단종차이	-
기타 차이	(0)
합계	15,568,975

명성산업㈜

2016년도 분기별 매출예산

단위 천원

CODE	제품명	예산			Q1		Q2		Q3		Q4	
		단가	수량	매출	수량	매출	수량	매출	수량	매출	수량	매출
1	2차전지	220,000	70	15,312,000	16	3,521,760	15	3,368,640	18	3,981,120	20	4,440,480
2	디스플레이	100,000	93	9,300,000	21	2,139,000	20	2,046,000	24	2,418,000	27	2,697,000
3	고굴절류 소재	78,750	350	27,523,125	80	6,330,319	77	6,055,088	91	7,156,013	101	7,981,706
4	촉매	11,000	1,225	13,478,850	282	3,100,136	270	2,965,347	319	3,504,501	355	3,908,867
5		-	-	-	-	-	-	-	-	-	-	-
6		-	-	-	-	-	-	-	-	-	-	-
7		-	-	-	-	-	-	-	-	-	-	-
8		-	-	-	-	-	-	-	-	-	-	-
9		-	-	-	-	-	-	-	-	-	-	-
10		-	-	-	-	-	-	-	-	-	-	-
11		-	-	-	-	-	-	-	-	-	-	-
12		-	-	-	-	-	-	-	-	-	-	-
13		-	-	-	-	-	-	-	-	-	-	-
14		-	-	-	-	-	-	-	-	-	-	-
15		-	-	-	-	-	-	-	-	-	-	-
16		-	-	-	-	-	-	-	-	-	-	-
17		-	-	-	-	-	-	-	-	-	-	-
18		-	-	-	-	-	-	-	-	-	-	-
19		-	-	-	-	-	-	-	-	-	-	-
20		-	-	-	-	-	-	-	-	-	-	-
21		-	-	-	-	-	-	-	-	-	-	-
22		-	-	-	-	-	-	-	-	-	-	-
23		-	-	-	-	-	-	-	-	-	-	-
24		-	-	-	-	-	-	-	-	-	-	-
25		-	-	-	-	-	-	-	-	-	-	-
26		-	-	-	-	-	-	-	-	-	-	-
27		-	-	-	-	-	-	-	-	-	-	-
28		-	-	-	-	-	-	-	-	-	-	-
29		-	-	-	-	-	-	-	-	-	-	-
30		-	-	-	-	-	-	-	-	-	-	-
	양산품 계		1,737	65,613,975	400	15,091,214	382	14,435,075	452	17,059,634	504	19,028,053
31	기타제품	-	-	-	-	-	-	-	-	-	-	-
매출 합계			1,737	65,613,975	400	15,091,214	382	14,435,075	452	17,059,634	504	19,028,053

명성산업㈜

매출 예산근거 와 시장상황

단위 천원

CODE	제품명	시장수요	전년도 실적		전년도 시장점유율	예산		예산 시장 점유율	차이		설명 (비고)
		금액	수량	금액	%	수량	금액	%	수량	금액	
1	2차전지	16,000,000	58	11,600,000	72.5%	70	15,312,000	95.7%			
2	디스플레이	10,000,000	93	9,300,000	93.0%	93	9,300,000	93.0%			
3	고굴절류 소재	10,000,000	233	17,475,000	174.8%	350	27,523,125	275.2%			
4	촉매	10,000,000	1,167	11,670,000	116.7%	1,225	13,478,850	134.8%			
5		-	-	-	0.0%	-	-	0.0%			
6		-	-	-	0.0%	-	-	0.0%			
7		-	-	-	0.0%	-	-	0.0%			
8		-	-	-	0.0%	-	-	0.0%			
9		-	-	-	0.0%	-	-	0.0%			
10		-	-	-	0.0%	-	-	0.0%			
11		-	-	-	0.0%	-	-	0.0%			
12		-	-	-	0.0%	-	-	0.0%			
13		-	-	-	0.0%	-	-	0.0%			
14		-	-	-	0.0%	-	-	0.0%			
15		-	-	-	0.0%	-	-	0.0%			
16		-	-	-	0.0%	-	-	0.0%			
17		-	-	-	0.0%	-	-	0.0%			
18		-	-	-	0.0%	-	-	0.0%			
19		-	-	-	0.0%	-	-	0.0%			
20		-	-	-	0.0%	-	-	0.0%			
21		-	-	-	0.0%	-	-	0.0%			
22		-	-	-	0.0%	-	-	0.0%			
23		-	-	-	0.0%	-	-	0.0%			
24		-	-	-	0.0%	-	-	0.0%			
25		-	-	-	0.0%	-	-	0.0%			
26		-	-	-	0.0%	-	-	0.0%			
27		-	-	-	0.0%	-	-	0.0%			
28		-	-	-	0.0%	-	-	0.0%			
29		-	-	-	0.0%	-	-	0.0%			
30		-	-	-	0.0%	-	-	0.0%			
	양산품 계	46,000,000	1,551	50,045,000	457.0%	1,737	65,613,975	598.7%	0	0	0
31	기타제품	9,000,000	-	-	0.0%	-	-	0.0%			
	매출 합계	55,000,000	1,551	50,045,000	457.0%	1,737	65,613,975	598.7%	-	-	-

명성산업㈜
분기별 인원계획

	전년도 말	2016년 예산연도			
		Q1	Q2	Q3	Q4
인원현황					
직접생산직	55	55	55	55	55
-정규직	55	55	55	55	55
-비정규직_계약직	0	0	0	0	0
간접생산직	17	17	17	17	16
-공무	4	4	4	4	4
-전기/시설	3	3	3	3	3
-유지보수	3	3	3	3	3
-품질	3	3	3	3	2
-출하.검수	4	4	4	4	4
-비정규직	0	0	0	0	0
-기타	0	0	0	0	0
생산직(제조업)합계	72	72	72	72	71
생산관리직	15	15	15	15	15
-기술	4	4	4	4	4
-인사. 총무	0	0	0	0	0
-시설.공무	2	2	2	2	2
-유지보수	3	3	3	3	3
-물류.창고	2	2	2	2	2
-구매	2	2	2	2	2
-품질	2	2	2	2	2
관리직	31	31	31	31	31
-임원	4	4	4	4	4
-인사	4	4	4	4	4
-총무	3	3	3	3	3
-재무 .기획	5	5	5	5	5
-전산	4	4	4	4	4
-영업	7	7	7	7	7
-R&D	4	4	4	4	4
-기타	0	0	0	0	0
-경비 . 청소	0	0	0	0	0
-비 정규직 -계약직	0	0	0	0	0
-기타	0	0	0	0	0
관리직 합계	46	46	46	46	46
생산직 . 관리직 합계	118	118	118	118	117
계약직 합계	0	0	0	0	0
인원 합계	118	118	118	118	117

명성산업㈜

분기별 인건비 계획

단위 천원

인건비	전년도 말		예산		예산 년도 분기별 인건비			
	일인당 월평균	년 합계	일인당 월평균	년 합계	Q1	Q2	Q3	Q4
인건비 현황								
직접 생산직 인원		55		55	55	55	55	55
-기본급	950	627,000	959.5	633,270	158,318	158,318	158,318	158,318
-시간외수당	200	132,000	202	133,320	33,330	33,330	33,330	33,330
-의보및 후생비	220	145,200	222.2	146,652	36,663	36,663	36,663	36,663
-상여금	250	165,000	252.5	166,650	41,663	41,663	41,663	41,663
-퇴직충당금	100	66,000	101	66,660	16,665	16,665	16,665	16,665
직접 생산직 임금합계	1,720	1,135,200	1,737	1,146,552	286,638	286,638	286,638	286,638
간접 생산직 인원		17		16	17	17	17	16
-기본급	950	193,800	959.5	192,860	48,935	48,935	48,935	46,056
-시간외수당	200	40,800	202	40,602	10,302	10,302	10,302	9,696
-의보및 후생비	220	44,880	222.2	44,662	11,332	11,332	11,332	10,666
-상여금	250	51,000	252.5	50,753	12,878	12,878	12,878	12,120
-퇴직충당금	100	20,400	101	20,301	5,151	5,151	5,151	4,848
간접 생산직 임금합계	1,720	350,880	1,737	349,177	88,597	88,597	88,597	83,386
생산직 합계	3,440	1,486,080	3,474	1,495,729	375,235	375,235	375,235	370,024
생산 관리직 인원		15		15	15	15	15	15
-기본급	950	171,000	997.5	179,550	44,888	44,888	44,888	44,888
-시간외수당	200	36,000	210	37,800	9,450	9,450	9,450	9,450
-의보및 후생비	220	39,600	231	41,580	10,395	10,395	10,395	10,395
-상여금	250	45,000	262.5	47,250	11,813	11,813	11,813	11,813
-퇴직충당금	100	18,000	105	18,900	4,725	4,725	4,725	4,725
생산 관리직 급여합계	1,720	309,600	1,806	325,080	81,270	81,270	81,270	81,270
임원 인원		4		4	4	4	4	4
- 기본급	6000	288,000	6300	302,400	75,600	75,600	75,600	75,600
- 시간외수당	0	-	0	-	-	-	-	-
- 보험료 및 후생비	0	-	0	-	-	-	-	-
- 상여금	0	-	0	-	-	-	-	-
-퇴직충당금	0	-	0	-	-	-	-	-
임원 급여합계	6,000	288,000	6,300	302,400	75,600	75,600	75,600	75,600
관리직 인원		27		27	27	27	27	27
- 기본급	1,500	486,000	1575	510,300	127,575	127,575	127,575	127,575
- 시간외수당	200	64,800	210	68,040	17,010	17,010	17,010	17,010
- 보험료 및 후생비	220	71,280	231	74,844	18,711	18,711	18,711	18,711
- 상여금	250	81,000	262.5	85,050	21,263	21,263	21,263	21,263
-퇴직충당금	100	32,400	105	34,020	8,505	8,505	8,505	8,505
관리직 급여합계	2,270	735,480	2,384	772,254	193,064	193,064	193,064	193,064
관리직 합계	9,990	1,333,080	10,490	1,399,734	349,934	349,934	349,934	349,934
생산직 . 관리직 합계	13,430	2,819,160	13,964	2,895,463	725,169	725,169	725,169	719,957
계약직 인원		-		-	-	-	-	-
- 기본급	1200	-	1260	-	-	-	-	-
- 시간외수당	200	-	210	-	-	-	-	-
- 보험료 및 후생비	220	-	231	-	-	-	-	-
- 상여금	0	-	0	-	-	-	-	-
-퇴직충당금	0	-	0	-	-	-	-	-
계약직 임금합계	1,620	-	1,701	-	-	-	-	-
총 인원		118		117	118	118	118	117
- 기본급	14,964	1,765,800	15,542	1,818,380	455,315	455,315	455,315	452,436
- 시간외수당	2,319	273,600	2,391	279,762	70,092	70,092	70,092	69,486
- 보험료 및 후생비	2,551	300,960	2,630	307,738	77,101	77,101	77,101	76,435
- 상여금	2,898	342,000	2,989	349,703	87,615	87,615	87,615	86,858
-퇴직충당금	1,159	136,800	1,196	139,881	35,046	35,046	35,046	34,743
총 인건비 합계	23,891	2,819,160	24,748	2,895,463	725,169	725,169	725,169	719,957

명성산업㈜

월별 인건비 계획

인건비	전년도 말		예산		월별 인건비 계획											
	일인당 월평균	년 합계	일인당 월평균	년 합계	1	2	3	4	5	6	7	8	9	10	11	12
인건비 현황																
직접 생산직 인원		55		55	55	55	55	55	55	55	55	55	55	55	55	55
-기본급	950	627,000	960	633,270	52,773	52,773	52,773	52,773	52,773	52,773	52,773	52,773	52,773	52,773	52,773	52,773
-시간외수당	200	132,000	202	133,320	11,110	11,110	11,110	11,110	11,110	11,110	11,110	11,110	11,110	11,110	11,110	11,110
-의보및 후생비	220	145,200	222	146,652	12,221	12,221	12,221	12,221	12,221	12,221	12,221	12,221	12,221	12,221	12,221	12,221
-상여금	250	165,000	253	166,650	13,888	13,888	13,888	13,888	13,888	13,888	13,888	13,888	13,888	13,888	13,888	13,888
-퇴직충당금	100	66,000	101	66,660	5,555	5,555	5,555	5,555	5,555	5,555	5,555	5,555	5,555	5,555	5,555	5,555
직접 생산직 임금합계	1,720	1,135,200	1,737	1,146,552	95,546	95,546	95,546	95,546	95,546	95,546	95,546	95,546	95,546	95,546	95,546	95,546
간접 생산직 인원		17		17	17	17	17	17	17	17	17	17	17	16	16	16
-기본급	950	193,800	960	192,860	16,312	16,312	16,312	16,312	16,312	16,312	16,312	16,312	16,312	15,352	15,352	15,352
-시간외수당	200	40,800	202	40,602	3,434	3,434	3,434	3,434	3,434	3,434	3,434	3,434	3,434	3,232	3,232	3,232
-의보및 후생비	220	44,880	222	44,662	3,777	3,777	3,777	3,777	3,777	3,777	3,777	3,777	3,777	3,555	3,555	3,555
-상여금	250	51,000	253	50,753	4,293	4,293	4,293	4,293	4,293	4,293	4,293	4,293	4,293	4,040	4,040	4,040
-퇴직충당금	100	20,400	101	20,301	1,717	1,717	1,717	1,717	1,717	1,717	1,717	1,717	1,717	1,616	1,616	1,616
간접 생산직 임금합계	1,720	350,880	1,737	349,177	29,532	29,532	29,532	29,532	29,532	29,532	29,532	29,532	29,532	27,795	27,795	27,795
생산직 합계	3,440	1,486,080	3,474	1,495,729	125,078	125,078	125,078	125,078	125,078	125,078	125,078	125,078	125,078	123,341	123,341	123,341
생산 관리직 인원		15		15	15	15	15	15	15	15	15	15	15	15	15	15
-기본급	950	171,000	998	179,550	14,963	14,963	14,963	14,963	14,963	14,963	14,963	14,963	14,963	14,963	14,963	14,963
-시간외수당	200	36,000	210	37,800	3,150	3,150	3,150	3,150	3,150	3,150	3,150	3,150	3,150	3,150	3,150	3,150
-의보및 후생비	220	39,600	231	41,580	3,465	3,465	3,465	3,465	3,465	3,465	3,465	3,465	3,465	3,465	3,465	3,465
-상여금	250	45,000	263	47,250	3,938	3,938	3,938	3,938	3,938	3,938	3,938	3,938	3,938	3,938	3,938	3,938
-퇴직충당금	100	18,000	105	18,900	1,575	1,575	1,575	1,575	1,575	1,575	1,575	1,575	1,575	1,575	1,575	1,575
생산 관리직 급여합계	1,720	309,600	1,806	325,080	27,090	27,090	27,090	27,090	27,090	27,090	27,090	27,090	27,090	27,090	27,090	27,090
임원 인원		4		4	4	4	4	4	4	4	4	4	4	4	4	4
- 기본급	6,000	288,000	6,300	302,400	25,200	25,200	25,200	25,200	25,200	25,200	25,200	25,200	25,200	25,200	25,200	25,200
- 시간외수당	-	-	-	-	-	-	-	-	-	-	-	-	-	-	-	-
- 보험료 및 후생비	-	-	-	-	-	-	-	-	-	-	-	-	-	-	-	-
- 상여금	-	-	-	-	-	-	-	-	-	-	-	-	-	-	-	-
-퇴직충당금	-	-	-	-	-	-	-	-	-	-	-	-	-	-	-	-
임원 급여합계	6,000	288,000	6,300	302,400	25,200	25,200	25,200	25,200	25,200	25,200	25,200	25,200	25,200	25,200	25,200	25,200
관리직 인원		27		27	27	27	27	27	27	27	27	27	27	27	27	27
- 기본급	1,500	486,000	1,575	510,300	42,525	42,525	42,525	42,525	42,525	42,525	42,525	42,525	42,525	42,525	42,525	42,525
- 시간외수당	200	64,800	210	68,040	5,670	5,670	5,670	5,670	5,670	5,670	5,670	5,670	5,670	5,670	5,670	5,670
- 보험료 및 후생비	220	71,280	231	74,844	6,237	6,237	6,237	6,237	6,237	6,237	6,237	6,237	6,237	6,237	6,237	6,237
- 상여금	250	81,000	263	85,050	7,088	7,088	7,088	7,088	7,088	7,088	7,088	7,088	7,088	7,088	7,088	7,088
-퇴직충당금	100	32,400	105	34,020	2,835	2,835	2,835	2,835	2,835	2,835	2,835	2,835	2,835	2,835	2,835	2,835
관리직 급여합계	2,270	735,480	2,384	772,254	64,355	64,355	64,355	64,355	64,355	64,355	64,355	64,355	64,355	64,355	64,355	64,355
관리직 합계	9,990	1,333,080	10,490	1,399,734	116,645	116,645	116,645	116,645	116,645	116,645	116,645	116,645	116,645	116,645	116,645	116,645
생산직 · 관리직 합계	13,430	2,819,160	13,964	2,895,463	241,723	241,723	241,723	241,723	241,723	241,723	241,723	241,723	241,723	239,986	239,986	239,986
계약직 인원		-		-	-	-	-	-	-	-	-	-	-	-	-	-
- 기본급	1,200	-	1,260	-	-	-	-	-	-	-	-	-	-	-	-	-
- 시간외수당	200	-	210	-	-	-	-	-	-	-	-	-	-	-	-	-
- 보험료 및 후생비	220	-	231	-	-	-	-	-	-	-	-	-	-	-	-	-
- 상여금	-	-	-	-	-	-	-	-	-	-	-	-	-	-	-	-
-퇴직충당금	-	-	-	-	-	-	-	-	-	-	-	-	-	-	-	-
계약직 임금합계	1,620	-	1,701	-	-	-	-	-	-	-	-	-	-	-	-	-
총 인원		118		118	118	118	118	118	118	118	118	118	118	117	117	117
- 기본급	14,964	1,765,800	15,410	1,818,380	151,772	151,772	151,772	151,772	151,772	151,772	151,772	151,772	151,772	150,812	150,812	150,812
- 시간외수당	2,319	273,600	2,371	279,762	23,364	23,364	23,364	23,364	23,364	23,364	23,364	23,364	23,364	23,162	23,162	23,162
- 보험료 및 후생비	2,551	300,960	2,608	307,738	25,700	25,700	25,700	25,700	25,700	25,700	25,700	25,700	25,700	25,478	25,478	25,478
- 상여금	2,898	342,000	2,964	349,703	29,205	29,205	29,205	29,205	29,205	29,205	29,205	29,205	29,205	28,953	28,953	28,953
-퇴직충당금	1,159	136,800	1,185	139,881	11,682	11,682	11,682	11,682	11,682	11,682	11,682	11,682	11,682	11,581	11,581	11,581
총 인건비 합계	23,891	2,819,160	24,538	2,895,463	241,723	241,723	241,723	241,723	241,723	241,723	241,723	241,723	241,723	239,986	239,986	239,986

명성산업㈜

투자예산(계정과목별)

단위 천원

투자내역	투자예산 F/A 지출계획	2016년도				투자예산 2016 합계
		(F) Q1	(F) Q2	(F) Q3	(F) Q4	
투자예산 총합계	3,800,000	0	3,500,000	300,000	0	3,800,000
토지	0	0	0	0	0	0
건물	2,500,000	0	2,500,000	0	0	2,500,000
구축물	0	0	0	0	0	0
기계 장치	800,000	0	800,000	0	0	800,000
공기구 와 비품	0	0	0	0	0	0
전산 장비	0	0	0	0	0	0
차량운반구	500,000	0	200,000	300,000	0	500,000
건설 가계정	0	0	0	0	0	0
영업권. 특허권 및 무형자산	0	0	0	0	0	0
임차 보증금	0	0	0	0	0	0

명성산업㈜

전년도 대비 재료비 계획

단위 천원

제품명	전년도 재료비			재료비 변동						예산안		
	단가	수량	재료비	물가인상	생산성(수율 증가)	공법변동 (Eng. Change)	기타단가 조정	손익개선안	합계	단가	수량	금액
2차전지	120,000	58	6,960,000	6,000	- 12,000	-	-	-	- 6,000	114,000	70	7,934,400
디스플레이	55,000	93	5,115,000	2,750	- 5,500	-	-	-	- 2,750	52,250	93	4,859,250
고굴절류 소재	38,000	233	8,854,000	1,900	- 3,800	-	-	-	- 1,900	36,100	350	12,616,950
촉매	9,000	1,167	10,503,000	450	- 900	-	-	-	- 450	8,550	1,225	10,476,743
	-	0	0	-	-	-	-	-	-	-	-	-
	-	0	0	-	-	-	-	-	-	-	-	-
	-	0	0	-	-	-	-	-	-	-	-	-
	-	0	0	-	-	-	-	-	-	-	-	-
	-	0	0	-	-	-	-	-	-	-	-	-
	-	0	0	-	-	-	-	-	-	-	-	-
	-	0	0	-	-	-	-	-	-	-	-	-
	-	0	0	-	-	-	-	-	-	-	-	-
	-	0	0	-	-	-	-	-	-	-	-	-
	-	0	0	-	-	-	-	-	-	-	-	-
	-	0	0	-	-	-	-	-	-	-	-	-
	-	0	0	-	-	-	-	-	-	-	-	-
	-	0	0	-	-	-	-	-	-	-	-	-
	-	0	0	-	-	-	-	-	-	-	-	-
	-	0	0	-	-	-	-	-	-	-	-	-
	-	0	0	-	-	-	-	-	-	-	-	-
	-	0	0	-	-	-	-	-	-	-	-	-
	-	0	0	-	-	-	-	-	-	-	-	-
	-	0	0	-	-	-	-	-	-	-	-	-
	-	0	0	-	-	-	-	-	-	-	-	-
	-	0	0	-	-	-	-	-	-	-	-	-
	-	0	0	-	-	-	-	-	-	-	-	-
	-	0	0	-	-	-	-	-	-	-	-	-
양산 품 계		1,551	31,432,000	11,100	- 22,200	-	-	-	- 11,100	210,900	1,737	35,887,343
기타제품	-	-	-	-	-	-	-	-	-	-	-	-
총 재료비 합계	-	1,551	31,432,000	11,100	- 22,200	-	-	-	- 11,100	210,900	1,737	35,887,343

수량차이	6,344,150
단가차이	(1,888,808)
단종차이	-
기타 차이	
합계	4,455,343

명성산업㈜

월별 재료비 계획

단위 천원

제품명	재료비 예산 단가	수량	재료비	1 수량	금액	2 수량	금액	3 수량	금액	4 수량	금액	5 수량	금액	6 수량	금액	7 수량	금액	8 수량	금액	9 수량	금액	10 수량	금액	11 수량	금액	12 수량	금액
2차전지	114000.00	70	7,934,400	6	634,752	6	634,752	5	555,408	5	555,408	6	634,752	5	555,408	6	634,752	6	714,096	6	714,096	6	714,096	6	634,752	8	952,128
디스플레이	52250.00	93	4,859,250	7	388,740	7	388,740	7	340,148	7	340,148	7	388,740	7	340,148	7	388,740	8	437,333	8	437,333	8	437,333	7	388,740	11	583,110
고굉정류소	36100.00	350	12,616,950	28	1,009,356	28	1,009,356	24	883,187	24	883,187	28	1,009,356	24	883,187	28	1,009,356	31	1,135,526	31	1,135,526	31	1,135,526	28	1,009,356	42	1,514,034
촉매	8550.00	1,225	10,476,743	98	838,139	98	838,139	86	733,372	86	733,372	98	838,139	86	733,372	98	838,139	110	942,907	110	942,907	110	942,907	98	838,139	147	1,257,209
	0.00	-	-	-	-	-	-	-	-	-	-	-	-	-	-	-	-	-	-	-	-	-	-	-	-	-	-
	0.00	-	-	-	-	-	-	-	-	-	-	-	-	-	-	-	-	-	-	-	-	-	-	-	-	-	-
	0.00	-	-	-	-	-	-	-	-	-	-	-	-	-	-	-	-	-	-	-	-	-	-	-	-	-	-
	0.00	-	-	-	-	-	-	-	-	-	-	-	-	-	-	-	-	-	-	-	-	-	-	-	-	-	-
	0.00	-	-	-	-	-	-	-	-	-	-	-	-	-	-	-	-	-	-	-	-	-	-	-	-	-	-
	0.00	-	-	-	-	-	-	-	-	-	-	-	-	-	-	-	-	-	-	-	-	-	-	-	-	-	-
	0.00	-	-	-	-	-	-	-	-	-	-	-	-	-	-	-	-	-	-	-	-	-	-	-	-	-	-
	0.00	-	-	-	-	-	-	-	-	-	-	-	-	-	-	-	-	-	-	-	-	-	-	-	-	-	-
	0.00	-	-	-	-	-	-	-	-	-	-	-	-	-	-	-	-	-	-	-	-	-	-	-	-	-	-
	0.00	-	-	-	-	-	-	-	-	-	-	-	-	-	-	-	-	-	-	-	-	-	-	-	-	-	-
	0.00	-	-	-	-	-	-	-	-	-	-	-	-	-	-	-	-	-	-	-	-	-	-	-	-	-	-
	0.00	-	-	-	-	-	-	-	-	-	-	-	-	-	-	-	-	-	-	-	-	-	-	-	-	-	-
	0.00	-	-	-	-	-	-	-	-	-	-	-	-	-	-	-	-	-	-	-	-	-	-	-	-	-	-
	0.00	-	-	-	-	-	-	-	-	-	-	-	-	-	-	-	-	-	-	-	-	-	-	-	-	-	-
	0.00	-	-	-	-	-	-	-	-	-	-	-	-	-	-	-	-	-	-	-	-	-	-	-	-	-	-
	0.00	-	-	-	-	-	-	-	-	-	-	-	-	-	-	-	-	-	-	-	-	-	-	-	-	-	-
	0.00	-	-	-	-	-	-	-	-	-	-	-	-	-	-	-	-	-	-	-	-	-	-	-	-	-	-
	0.00	-	-	-	-	-	-	-	-	-	-	-	-	-	-	-	-	-	-	-	-	-	-	-	-	-	-
	0.00	-	-	-	-	-	-	-	-	-	-	-	-	-	-	-	-	-	-	-	-	-	-	-	-	-	-
	0.00	-	-	-	-	-	-	-	-	-	-	-	-	-	-	-	-	-	-	-	-	-	-	-	-	-	-
	0.00	-	-	-	-	-	-	-	-	-	-	-	-	-	-	-	-	-	-	-	-	-	-	-	-	-	-
	0.00	-	-	-	-	-	-	-	-	-	-	-	-	-	-	-	-	-	-	-	-	-	-	-	-	-	-
	0.00	-	-	-	-	-	-	-	-	-	-	-	-	-	-	-	-	-	-	-	-	-	-	-	-	-	-
	0.00	-	-	-	-	-	-	-	-	-	-	-	-	-	-	-	-	-	-	-	-	-	-	-	-	-	-
	0.00	-	-	-	-	-	-	-	-	-	-	-	-	-	-	-	-	-	-	-	-	-	-	-	-	-	-
양산 품계		1,737	35,887,343	139	2,870,987	139	2,870,987	122	2,512,114	122	2,512,114	139	2,870,987	122	2,512,114	139	2,870,987	156	3,229,861	156	3,229,861	156	3,229,861	139	2,870,987	208	4,306,481
기타제품		-	-	-	-	-	-	-	-	-	-	-	-	-	-	-	-	-	-	-	-	-	-	-	-	-	-
재료비 합계		1,737	35,887,343	139	2,870,987	139	2,870,987	122	2,512,114	122	2,512,114	139	2,870,987	122	2,512,114	139	2,870,987	156	3,229,861	156	3,229,861	156	3,229,861	139	2,870,987	208	4,306,481

명성산업㈜
분기별 제조원가계획

단위 천원

제조원가 현황	2015	2016	2016	2016	2016	2016
	전년도 실적	예산	Q1	Q2	Q3	Q4
구분						
인건비	1,461,600	1,482,054	371,574	371,574	371,574	367,332
인건비(퇴직금)	104,400	105,861	26,541	26,541	26,541	26,238
의보및 복리후생비	229,680	232,894	58,390	58,390	58,390	57,724
수도광열비	216,000	271,518	62,449	59,734	70,595	78,740
통신비	96,000	119,786	27,551	26,353	31,144	34,738
수선비	264,000	329,411	75,765	72,470	85,647	95,529
여비교통비	144,000	179,679	41,326	39,529	46,716	52,107
차량유지비	108,000	134,759	30,995	29,647	35,037	39,080
접대비	192,000	239,572	55,102	52,706	62,289	69,476
보험료	114,000	142,246	35,561	35,561	35,561	35,561
지급수수료	134,400	167,700	41,925	41,925	41,925	41,925
임대료	192,000	239,572	59,893	59,893	59,893	59,893
세금과 공과	112,800	140,748	35,187	35,187	35,187	35,187
소모품 비	408,000	509,090	117,091	112,000	132,363	147,636
포장비	1,176,000	1,467,377	337,497	322,823	381,518	425,539
기타	720,000	898,394	206,631	197,647	233,582	260,534
외주가공비	1,488,000	1,906,681	438,537	419,470	495,737	552,938
운반비	1,020,000	1,272,725	292,727	280,000	330,909	369,090
감가상각비	831,600	936,600	234,150	234,150	234,150	234,149
대손 금	144,000	179,679	41,326	39,529	46,716	52,107
	-	-	-	-	-	-
	-	-	-	-	-	-
	-	-	-	-	-	-
	-	-	-	-	-	-
	-	-	-	-	-	-
	-	-	-	-	-	-
	-	-	-	-	-	-
합계 금액	9,156,480	10,956,347	2,590,216	2,515,129	2,815,476	3,035,524

순수 일반관리비(-감가비-인건비)

명성산업㈜
분기별 일반경비계획

단위 천원

일반관리비	2015 전년도 실적	2016 예산	2016 Q1	2016 Q2	2016 Q3	2016 Q4
구분						
인건비	919,800	965,790	241,448	241,448	241,448	241,448
인건비(퇴직금)	32,400	34,020	8,505	8,505	8,505	8,505
의보 및 복리후생비	71,280	74,844	18,711	18,711	18,711	18,711
복리후생비	480,000	579,197	110,047	121,631	173,759	173,759
통신비	96,000	115,839	26,643	25,485	30,118	33,593
수선비	120,000	144,799	33,304	31,856	37,648	41,992
여비교통비	33,600	40,544	9,325	8,920	10,541	11,758
차량유지비	108,000	110,160	20,930	23,134	33,048	33,048
접대비	144,000	154,880	35,622	34,074	40,269	44,915
보험료	84,000	85,680	21,420	21,420	21,420	21,420
지급수수료	96,000	97,920	24,480	24,480	24,480	24,480
임대료	288,000	293,760	73,440	73,440	73,440	73,440
세금과 공과	72,000	73,440	18,360	18,360	18,360	18,360
소모품 비	144,000	173,759	39,965	38,227	45,177	50,390
샘플 및 개발비	240,000	289,598	66,608	63,712	75,296	83,984
운반비	96,000	115,839	26,643	25,485	30,118	33,593
판매수수료	480,000	579,197	133,215	127,423	150,591	167,967
광고선전비	360,000	434,397	99,911	95,567	112,943	125,975
감가상각비	207,900	234,150	58,537	58,537	58,537	58,537
리스료	-	0	-	-	-	-
	-	0	-	-	-	-
	-	0	-	-	-	-
	-	0	-	-	-	-
	-	0	-	-	-	-
	-	0	-	-	-	-
	-	0	-	-	-	-
	-	0	-	-	-	-
	-	0	-	-	-	-
합계금액	4,072,980	4,597,814	1,067,115	1,060,414	1,204,410	1,265,875
순수 일반관리비(-감가비-인건비)	2,841,600	3,289,010	739,914	733,213	877,209	938,674

명성산업㈜

월별 제조원가계획

단위 천원

제조원가 명세	2015	2016	2016	2016	2016	2016	2016	2016	2016	2016	2016	2016	2016	2016
	전년도 실적	예산	1	2	3	4	5	6	7	8	9	10	11	12
구분														
인건비	1,461,600	1,482,054	123,858	123,858	123,858	123,858	123,858	123,858	123,858	123,858	123,858	122,444	122,444	122,444
인건비(퇴직금)	104,400	105,861	8,847	8,847	8,847	8,847	8,847	8,847	8,847	8,847	8,847	8,746	8,746	8,746
의보및 복리후생비	229,680	232,894	19,463	19,463	19,463	19,463	19,463	19,463	19,463	19,463	19,463	19,241	19,241	19,241
수도광열비	216,000	271,518	21,721	21,721	19,006	19,006	21,721	19,006	21,721	24,437	24,437	24,437	21,721	32,582
통신비	96,000	119,786	9,583	9,583	8,385	8,385	9,583	8,385	9,583	10,781	10,781	10,781	9,583	14,374
수선비	264,000	329,411	26,353	26,353	23,059	23,059	26,353	23,059	26,353	29,647	29,647	29,647	26,353	39,529
여비교통비	144,000	179,679	14,374	14,374	12,578	12,578	14,374	12,578	14,374	16,171	16,171	16,171	14,374	21,561
차량유지비	108,000	134,759	10,781	10,781	9,433	9,433	10,781	9,433	10,781	12,128	12,128	12,128	10,781	16,171
접대비	192,000	239,572	19,166	19,166	16,770	16,770	19,166	16,770	19,166	21,561	21,561	21,561	19,166	28,749
보험료	114,000	142,246	11,854	11,854	11,854	11,854	11,854	11,854	11,854	11,854	11,854	11,854	11,854	11,854
지급수수료	134,400	167,700	13,975	13,975	13,975	13,975	13,975	13,975	13,975	13,975	13,975	13,975	13,975	13,975
임대료	192,000	239,572	19,964	19,964	19,964	19,964	19,964	19,964	19,964	19,964	19,964	19,964	19,964	19,964
세금과 공과	112,800	140,748	11,729	11,729	11,729	11,729	11,729	11,729	11,729	11,729	11,729	11,729	11,729	11,729
소모품 비	408,000	509,090	40,727	40,727	35,636	35,636	40,727	35,636	40,727	45,818	45,818	45,818	40,727	61,091
포장비	1,176,000	1,467,377	117,390	117,390	102,716	102,716	117,390	102,716	117,390	132,064	132,064	132,064	117,390	176,085
기타	720,000	898,394	71,872	71,872	62,888	62,888	71,872	62,888	71,872	80,855	80,855	80,855	71,872	107,807
외주가공비	1,488,000	1,906,681	152,535	152,535	133,468	133,468	152,535	133,468	152,535	171,601	171,601	171,601	152,535	228,802
운반비	1,020,000	1,272,725	101,818	101,818	89,091	89,091	101,818	89,091	101,818	114,545	114,545	114,545	101,818	152,727
감가상각비	831,600	936,600	78,050	78,050	78,050	78,050	78,050	78,050	78,050	78,050	78,050	78,050	78,050	78,050
대손 금	144,000	179,679	14,374	14,374	12,578	12,578	14,374	12,578	14,374	16,171	16,171	16,171	14,374	21,561
	-	0	-	-	-	-	-	-	-	-	-	-	-	-
	-	0	-	-	-	-	-	-	-	-	-	-	-	-
	-	0	-	-	-	-	-	-	-	-	-	-	-	-
	-	0	-	-	-	-	-	-	-	-	-	-	-	-
	-	0	-	-	-	-	-	-	-	-	-	-	-	-
	-	0	-	-	-	-	-	-	-	-	-	-	-	-
	-	0	-	-	-	-	-	-	-	-	-	-	-	-
	-	0	-	-	-	-	-	-	-	-	-	-	-	-
합계 금액	9,156,480	10,956,347	888,434	888,434	813,348	813,348	888,434	813,348	888,434	963,521	963,521	961,784	886,697	1,187,044
순수 제조경비(-감가비-인건비)		9,135,538	736,266	736,266	661,179	661,179	736,266	661,179	736,266	811,353	811,353	811,353	736,266	1,036,612

명성산업㈜

월별 일반경비계획

단위 천원

일반관리비 명세	2015	2016	2016	2016	2016	2016	2016	2016	2016	2016	2016	2016	2016
	전년도 실적	예산	1	2	3	4	5	6	7	8	9	10	11	12
구분													
인건비	919,800	965,790	80,483	80,483	80,483	80,483	80,483	80,483	80,483	80,483	80,483	80,483	80,483
인건비(퇴직금)	32,400	34,020	2,835	2,835	2,835	2,835	2,835	2,835	2,835	2,835	2,835	2,835	2,835
의보 및 복리후생비	71,280	74,844	6,237	6,237	6,237	6,237	6,237	6,237	6,237	6,237	6,237	6,237	6,237
복리후생비	480,000	579,197	34,752	46,336	28,960	40,544	40,544	40,544	57,920	57,920	57,920	57,920	46,336	69,504
통신비	96,000	115,839	9,267	9,267	8,109	8,109	9,267	8,109	9,267	10,426	10,426	10,426	9,267	13,901
수선비	120,000	144,799	11,584	11,584	10,136	10,136	11,584	10,136	11,584	13,032	13,032	13,032	11,584	17,376
여비교통비	33,600	40,544	3,244	3,244	2,838	2,838	3,244	2,838	3,244	3,649	3,649	3,649	3,244	4,865
차량유지비	108,000	110,160	6,610	8,813	5,508	7,711	7,711	7,711	11,016	11,016	11,016	11,016	8,813	13,219
접대비	144,000	154,880	12,390	12,390	10,842	10,842	12,390	10,842	12,390	13,939	13,939	13,939	12,390	18,586
보험료	84,000	85,680	7,140	7,140	7,140	7,140	7,140	7,140	7,140	7,140	7,140	7,140	7,140	7,140
지급수수료	96,000	97,920	8,160	8,160	8,160	8,160	8,160	8,160	8,160	8,160	8,160	8,160	8,160	8,160
임대료	288,000	293,760	24,480	24,480	24,480	24,480	24,480	24,480	24,480	24,480	24,480	24,480	24,480	24,480
세금과 공과	72,000	73,440	6,120	6,120	6,120	6,120	6,120	6,120	6,120	6,120	6,120	6,120	6,120	6,120
소모품 비	144,000	173,759	13,901	13,901	12,163	12,163	13,901	12,163	13,901	15,638	15,638	15,638	13,901	20,851
샘플 및 개발비	240,000	289,598	23,168	23,168	20,272	20,272	23,168	20,272	23,168	26,064	26,064	26,064	23,168	34,752
운반비	96,000	115,839	9,267	9,267	8,109	8,109	9,267	8,109	9,267	10,426	10,426	10,426	9,267	13,901
판매수수료	480,000	579,197	46,336	46,336	40,544	40,544	46,336	40,544	46,336	52,128	52,128	52,128	46,336	69,504
광고선전비	360,000	434,397	34,752	34,752	30,408	30,408	34,752	30,408	34,752	39,096	39,096	39,096	34,752	52,128
감가상각비	207,900	234,150	19,512	19,512	19,512	19,512	19,512	19,512	19,512	19,512	19,512	19,512	19,512	19,512
리스료	-	0	-	-	-	-	-	-	-	-	-	-	-	-
	-	0	-	-	-	-	-	-	-	-	-	-	-	-
	-	0	-	-	-	-	-	-	-	-	-	-	-	-
	-	0	-	-	-	-	-	-	-	-	-	-	-	-
	-	0	-	-	-	-	-	-	-	-	-	-	-	-
	-	0	-	-	-	-	-	-	-	-	-	-	-	-
	-	0	-	-	-	-	-	-	-	-	-	-	-	-
	-	0	-	-	-	-	-	-	-	-	-	-	-	-
	-	0	-	-	-	-	-	-	-	-	-	-	-	-
합계금액	4,072,980	4,597,814	360,237	374,024	332,855	346,642	367,130	346,642	387,811	408,299	408,299	408,299	374,024	483,552
수수 일반관리비(-감가비-인	2,841,600	3,289,010	251,170	264,957	223,788	237,575	258,063	237,575	278,744	299,232	299,232	299,232	264,957	374,485

명성산업㈜

부서별 제조원가 계획

단위 천원

부서명	기획부	생산관리부	품질부	기술부	개발부	제조부	전부서 합계
제조원가 구분							
인건비	720,000	200,000	200,000	200,000	100,000	62,054	1,482,054
인건비(퇴직금)	18,000	4,000	2,000	4,000	3,000	74,861	105,861
의보및 복리후생비	40,000	20,000	10,000	8,000	9,000	145,894	232,894
수도광열비	13,793	19,540	13,793	9,195	10,345	204,852	271,518
통신비	2,301	2,301	2,301	2,301	2,301	108,279	119,786
수선비	5,178	5,178	5,178	5,178	5,178	303,521	329,411
여비교통비	2,647	2,647	2,647	2,647	2,647	166,446	179,679
차량유지비	2,301	2,301	2,301	2,301	2,301	123,252	134,759
접대비	2,532	2,532	2,532	2,532	2,532	226,914	239,572
보험료	2,071	2,071	2,071	2,071	2,071	131,889	142,246
지급수수료	1,266	1,266	1,266	1,266	1,266	161,371	167,700
임대료	8,055	8,055	8,055	8,055	8,055	199,298	239,572
세금과 공과	3,452	3,452	3,452	3,452	3,452	123,488	140,748
소모품 비	3,222	3,222	3,222	3,222	3,222	492,980	509,090
포장비	-	-	-	-	-	1,467,377	1,467,377
기타	345	345	345	345	345	896,668	898,394
외주가공비	-	-	-	-	-	1,906,681	1,906,681
운반비	-	1,272,725	-	-	-	-	1,272,725
감가상각비	936,600	-	-	-	-	-	936,600
대손 금	179,679	-	-	-	-	-	179,679
	-	-	-	-	-	-	-
	-	-	-	-	-	-	-
	-	-	-	-	-	-	-
	-	-	-	-	-	-	-
	-	-	-	-	-	-	-
	-	-	-	-	-	-	-
	-	-	-	-	-	-	-
합계 금액	1,941,442	1,549,635	259,163	254,565	155,715	6,795,826	10,956,347

명성산업㈜

부서별 일반경비 계획

단위 천원

부서명	기획부	경리부	영업부	구매부	총무부	전산부	전부서 합계
일반관리비 구분							
인건비	46,000	57,500	130,000	45,171	677,119	10,000	965,790
인건비(퇴직금)	2,000	2,000	2,000	2,000	25,020	1,000	34,020
의보 및 복리후생비	4,000	4,000	6,000	4,000	54,844	2,000	74,844
복리후생비	10,188	10,538	36,884	10,538	500,510	10,538	579,197
통신비	1,832	1,832	1,832	1,832	106,682	1,832	115,839
수선비	2,289	2,289	2,289	2,289	133,352	2,289	144,799
여비교통비	6,868	6,868	6,868	6,868	6,203	6,868	40,544
차량유지비	2,200	2,200	2,200	2,200	99,160	2,200	110,160
접대비	6,019	6,019	6,019	6,019	124,785	6,019	154,880
보험료	1,430	1,430	1,430	1,430	78,530	1,430	85,680
지급수수료	1,760	1,760	1,760	1,760	89,120	1,760	97,920
임대료	5,500	5,500	5,500	5,500	266,260	5,500	293,760
세금과 공과	1,320	1,320	1,320	1,320	66,840	1,320	73,440
소모품 비	2,862	2,862	2,862	2,862	159,450	2,862	173,759
샘플 및 개발비	-	-	29,534	-	260,064	-	289,598
운반비	-	-	11,813	-	104,026	-	115,839
판매수수료	-	-	59,069	-	520,128	-	579,197
광고선전비	-	-	44,302	-	390,095	-	434,397
감가상각비	234,150	-	-	-	-	-	234,150
리스료	-	-	-	-	-	-	-
	-	-	-	-	-	-	-
	-	-	-	-	-	-	-
	-	-	-	-	-	-	-
	-	-	-	-	-	-	-
	-	-	-	-	-	-	-
	-	-	-	-	-	-	-
합계금액	328,418	106,118	351,683	93,789	3,662,189	55,618	4,597,814

명성산업㈜

전년도 대비 예산 비교 손익계산서

단위 천원

계정과목		전년도 실적		예산원안		전년도 vs. 예산	차이분석 과 개선 계획	
매출	외부매출	50,045,000		65,613,975		15,568,975		증감금액
	내부매출	0		0			매출차이분석	15,568,975
	매출합계	50,045,000	100%	65,613,975	100%	15,568,975	1. 기존제품 수량차이	0
매출원가	재료비	31,432,000	62.8%	35,887,343	54.7%	4,455,343	2. 신제품 수량차이	0
	재료비	31,432,000	62.8%	35,887,343	54.7%	4,455,343	3. 단종제품수량차이	0
	직접인건비	1,135,200	2.3%	1,146,552	1.7%	11,352	4. 기존제품단가차이	0
	간접인건비	660,480	1.3%	674,257	1.0%	13,777	5. 기타매출에 영향주는 차이	0
	인건비	1,795,680	3.6%	1,820,809	2.8%	25,129	재료비 차이분석	25,129
	감가상각비	831,600	1.7%	936,600	1.4%	105,000	1. 기존제품 수량차이	0
	제조경비	5,809,200	11.6%	6,926,213	10.6%	1,117,013	2. 신제품 수량차이	0
	운반비	720,000	1.4%	1,272,725	1.9%	552,725	3. 단종제품수량차이	0
	감가상각 과 경비	7,360,800	14.7%	9,135,538	13.9%	1,774,738	4. 기존제품재료단가차이	0
매출원가 합계		40,588,480	81.1%	46,843,689	71.4%	6,255,209	5. 기타재료비에 영향주는 차이	0
매출 총이익		9,456,520	18.9%	18,770,286	28.6%	9,313,766	인건비/경비 차이분석	603,899
	인건비	1,023,480	2.0%	1,074,654	1.6%	51,174	1. 물가 및 인건비 인상 차이	0
	감가상각비	207,900	0.4%	234,150	0.4%	26,250	2. 원가절감 차이	0
	일반경비	2,841,600	5.7%	3,289,010	5.0%	447,410	3. 기타 영향을 주는 차이	0
	일반관리비	4,072,980	8.1%	4,597,814	7.0%	524,834	손익개선 계획	
영업이익		5,383,540	10.8%	14,172,472	21.6%	8,788,932	1. 가격인상	0
	이자	850,000	1.7%	815,583	1.2%	(34,417)	2. 재료비 수율 증가	
	영업 외 손익	160,000	0.3%	0	0.0%	(160,000)	3. 원가 절감	0
	영업외손익	1,010,000	2.0%	815,583	1.2%	(194,417)	4. 비용절감	
세전손익		4,373,540	8.7%	13,356,889	20.4%	8,983,349	5. 개선계획	
법인세 등		950,000	1.9%	3,005,300	4.6%	2,055,300	6. 일반관리비 절감	
세후손익		3,423,540	6.8%	10,351,589	15.8%	6,928,049	6. 일반관리비 절감	

영업이익	5,383,540	14,172,472	
EBITDA	6,423,040	15,343,222	

명성산업㈜

손익개선 계획 (Recovery Plan)

단위 천원

No	계정과목	개선부서	내용	책임자	실현가능성 (R/Y/G)	실현가능성 %	완료시기	Q1 계획	Q2 계획	Q3 계획	Q4 계획	2016 합계	비고
1	매출	영업부	제품 A 거래처 판매단가 1,000 원 인상	이길종	Blue	100%	Dec-14	3,522	3,522	3,522	3,522	14,088	='1*14088
2	매출	영업부	제품 J 거래처 판매단가 15,000 원 인상	이길종	Blue	100%	Dec-14	50,145	50,145	50,145	50,145	200,580	=15*13372
3	매출	영업부	제품 L 거래처 판매단가 10,000 원 인상	이길종	Blue	100%	Dec-14	23,435	23,435	23,435	23,435	93,740	=10*9374
4	매출	영업부	제품 KA 거래처 판매단가 10,000 원 인상	이길종	Yellow	70%	Dec-14	6,175	6,175	6,175	6,175	24,700	=10*2470
5	매출	영업부	제품 H 거래처 판매촉진 250 개 증가	이길종	Red	50%	Dec-14	16,250	16,250	16,250	16,250	65,000	=250*260
6	매출	영업부	제품 I 거래처 판매촉진 50 개 증가	이길종	Red	50%	Dec-14	263	263	263	263	1,050	=50*21
7	매출	영업부	제품 H 거래처 판매촉진 100 개 증가	이길종	Yellow	65%	Dec-14	16,200	16,200	16,200	16,200	64,800	=100*648
8								0	0	0	0	0	
9								0	0	0	0	0	
10								0	0	0	0	0	
11	재료비	구매부	제품 재료비 1,000 원 절감 (A)	구홍길	Green	90%	Dec-14	3,522	3,522	3,522	3,522	14,088	=1*14088
12	재료비	구매부	제품 재료비 1,000 원 절감 (C)	구홍길	Red	50%	Dec-14	4,354	4,354	4,354	4,354	17,416	=,1*17416
13	재료비	구매부	제품 재료비 1,000 원 절감 (D)	구홍길	Green	90%	Dec-14	4,055	4,055	4,055	4,055	16,219	='1*16219
14	재료비	구매부	제품 재료비 1,000 원 절감 (E)	구홍길	Yellow	65%	Dec-14	2,065	2,065	2,065	2,065	8,258	='1*8258
15	재료비	구매부	제품 재료비 1,000 원 절감 (F)	구홍길	Green	90%	Dec-14	3,824	3,824	3,824	3,824	15,295	=1*15295
16	재료비	구매부	제품 재료비 1,000 원 절감 (G)	구홍길	Green	90%	Dec-14	3,582	3,582	3,582	3,582	14,326	=1*14326
17	재료비	구매부	제품 재료비 1,000 원 절감 (I)	구홍길	Green	90%	Dec-14	2,205	2,205	2,205	2,205	8,820	=1*8820
18	재료비	구매부	제품 재료비 1,000 원 절감 (J)	구홍길	Yellow	65%	Dec-14	3,343	3,343	3,343	3,343	13,372	=1*13372
19	재료비	구매부	제품 재료비 1,000 원 절감 (K)	구홍길	Yellow	65%	Dec-14	2,668	2,668	2,668	2,668	10,673	=1*10673
20	재료비	구매부	제품 재료비 1,000 원 절감 (L)	구홍길	Green	90%	Dec-14	2,344	2,344	2,344	2,344	9,374	=1*9374
21	재료비	구매부	제품 재료비 1,000 원 절감 (KA)	구홍길	Green	90%	Dec-14	618	618	618	618	2,470	=1*2470
22	재료비	구매부	제품 재료비 1,000 원 절감 (KC)	구홍길	Yellow	65%	Dec-14	1,300	1,300	1,300	1,300	5,200	=1*5200
23	재료비	구매부	제품 재료비 1,000 원 절감 (KD)	구홍길	Green	90%	Dec-14	875	875	875	875	3,500	=1*3500
24								0	0	0	0	0	
25								0	0	0	0	0	
26	제조인건비	생산부	추가 수율향상	양춘섭	Green	90%	Dec-14	31,098	31,098	31,098	31,098	124,392	=5%*2487840
27	관리인건비	인사·총무부	인원및 수당조정 원가절감	이상길	Green	90%	Dec-14	10,771	10,771	10,771	10,771	43,083	=1.2%*4671840
28													
29								0	0	0	0	0	
30	제조경비	관리부	광고선전비-광고대리점 재계약	구명섭	Blue	100%	Dec-14	5,000	5,000	5,000	5,000	20,000	
31	제조경비	관리부	전문직수수료-고문변호사 . CONSULTING 비 절가	구명섭	Yellow	80%	Dec-14	5,000	5,000	5,000	5,000	20,000	
32	제조경비	생산부	운반비- 적재방법개선	양춘섭	Blue	100%	Dec-14	2,500	2,500	2,500	2,500	10,000	
33	일반관리비	관리부	통신비- 시외전화/국제전화 절감	구명섭	Green	90%	Dec-14	2,500	2,500	2,500	2,500	10,000	
34	일반관리비	재무부	대손금- 일부회수계획, 절감	구명섭	Green	90%	Dec-14	5,000	5,000	5,000	5,000	20,000	
35													
36													
	손익 개선계획 합계							212,611	212,611	212,611	212,611	850,444	

명성산업㈜

분기별 손익계산서

단위 천원

계정과목		전년도 실적		2016		2016 Q1		2016 Q2		2016 Q3		2016 Q4	
		금액	%	금액	%	금액	%	금액	%	금액	%	금액	%
매출	외부매출	50,045,000		65,613,975		15,091,214		14,435,075		17,059,634		19,028,053	
	내부매출	0		0		0		0		0		0	
	매출합계	50,045,000	100%	65,613,975	100%	15,091,214	100%	14,435,075	100%	17,059,634	100%	19,028,053	100%
매출원가	재료비	31,432,000	62.8%	35,887,343	54.7%	8,254,089	54.7%	7,895,215	54.7%	9,330,709	54.7%	10,407,329	54.7%
	재료비	31,432,000	62.8%	35,887,343	54.7%	8,254,089	54.7%	7,895,215	54.7%	9,330,709	54.7%	10,407,329	54.7%
	직접인건비	1,135,200	2.3%	1,146,552	1.7%	286,638	1.9%	286,638	2.0%	286,638	1.7%	286,638	1.5%
	간접인건비	660,480	1.3%	674,257	1.0%	169,867	1.1%	169,867	1.2%	169,867	1.0%	164,656	0.9%
	인건비	1,795,680	3.6%	1,820,809	2.8%	456,505	3.0%	456,505	3.2%	456,505	2.7%	451,294	2.4%
	감가상각비	831,600	1.7%	936,600	1.4%	234,150	1.6%	234,150	1.6%	234,150	1.4%	234,149	1.2%
	제조경비	5,809,200	11.6%	6,926,213	10.6%	1,692,930	11.2%	1,626,828	11.3%	1,891,239	11.1%	2,089,547	11.0%
	운반경비	720,000	1.4%	1,272,725	1.9%	206,631	1.4%	197,647	1.4%	233,582	1.4%	260,534	1.4%
	감가상각과 경비	7,360,800	14.7%	9,135,538	13.9%	2,133,711	14.1%	2,058,624	14.3%	2,358,971	13.8%	2,584,231	13.6%
매출원가 합계		40,588,480	81.1%	46,843,689	71.4%	10,844,305	71.9%	10,410,345	72.1%	12,146,185	71.2%	13,442,854	70.6%
매출총이익		9,456,520	18.9%	18,770,286	28.6%	4,246,909	28.1%	4,024,730	27.9%	4,913,448	28.8%	5,585,199	29.4%
	인건비	1,023,480	2.0%	1,074,654	1.6%	268,664	1.8%	268,664	1.9%	268,664	1.6%	268,664	1.4%
	감가상각비	207,900	0.4%	234,150	0.4%	58,537	0.4%	58,537	0.4%	58,537	0.3%	58,537	0.3%
	일반경비	2,841,600	5.7%	3,289,010	5.0%	739,914	4.9%	733,213	5.1%	877,209	5.1%	938,674	4.9%
일반관리비		4,072,980	8.1%	4,597,814	7.0%	1,067,115	7.1%	1,060,414	7.3%	1,204,410	7.1%	1,265,875	6.7%
영업이익		5,383,540	10.8%	14,172,472	21.6%	3,179,794	21.1%	2,964,316	20.5%	3,709,038	21.7%	4,319,324	22.7%
	이자	850,000	1.7%	815,583	1.2%	236,695	1.6%	184,683	1.3%	209,491	1.2%	184,714	1.0%
	영업 외 손익	160,000	0.3%	0	0.0%	0	0.0%	0	0.0%	0	0.0%	0	0.0%
	영업외손익	1,010,000	2.0%	815,583	1.2%	236,695	1.6%	184,683	1.3%	209,491	1.2%	184,714	1.0%
세전손익		4,373,540	8.7%	13,356,889	20.4%	2,943,099	19.5%	2,779,633	19.3%	3,499,547	20.5%	4,134,610	21.7%
법인세 등		950,000	1.9%	3,005,300	4.6%	662,197	4.4%	625,417	4.3%	787,398	4.6%	930,287	4.9%
세후손익		3,423,540	6.8%	10,351,589	15.8%	2,280,902	15.1%	2,154,216	14.9%	2,712,149	15.9%	3,204,323	16.8%

	전년도 실적	2016	2016 Q1	2016 Q2	2016 Q3	2016 Q4
영업이익	5,383,540	14,172,472	3,179,794	2,964,316	3,709,038	4,319,324
EBITDA	6,423,040	15,343,222	3,472,482	3,257,004	4,001,726	4,612,011

명성산업㈜

월별 손익계산서

단위 천원

계정과목		전년도 실적		2016		1	2	3	4	5	6	7	8	9	10	11	12
		금액	%	금액	%	금액	금액	금액	금액	금액	금액	금액	금액	금액	금액	금액	금액
매출	외부매출	50,045,000		65,613,975		5,249,118	5,249,118	4,592,978	4,592,978	5,249,118	4,592,978	5,249,118	5,905,258	5,905,258	5,905,258	5,249,118	7,873,677
	내부매출	0		0		0	0	0	0	0	0	0	0	0	0	0	0
	매출합계	50,045,000	100%	65,613,975	100%	5,249,118	5,249,118	4,592,978	4,592,978	5,249,118	4,592,978	5,249,118	5,905,258	5,905,258	5,905,258	5,249,118	7,873,677
매출원가	재료비	31,432,000	62.8%	35,887,343	54.7%	2,870,987	2,870,987	2,512,114	2,512,114	2,870,987	2,512,114	2,870,987	3,229,861	3,229,861	3,229,861	2,870,987	4,306,481
	재료비	31,432,000	62.8%	35,887,343	54.7%	2,870,987	2,870,987	2,512,114	2,512,114	2,870,987	2,512,114	2,870,987	3,229,861	3,229,861	3,229,861	2,870,987	4,306,481
	직접인건비	1,135,200	2.3%	1,146,552	1.7%	95,546	95,546	95,546	95,546	95,546	95,546	95,546	95,546	95,546	95,546	95,546	95,546
	간접인건비	660,480	1.3%	674,257	1.0%	56,622	56,622	56,622	56,622	56,622	56,622	56,622	56,622	56,622	54,885	54,885	54,885
	인건비	1,795,680	3.6%	1,820,809	2.8%	152,168	152,168	152,168	152,168	152,168	152,168	152,168	152,168	152,168	150,431	150,431	150,431
	감가상각비	831,600	1.7%	936,600	1.4%	78,050	78,050	78,050	78,050	78,050	78,050	78,050	78,050	78,050	78,050	78,050	78,050
	제조경비	5,809,200	11.6%	6,926,213	10.6%	586,344	586,344	520,242	520,242	586,344	520,242	586,344	652,447	652,447	652,447	586,344	850,755
	운반경비	720,000	1.4%	1,272,725	1.9%	71,872	71,872	62,888	62,888	71,872	62,888	71,872	80,855	80,855	80,855	71,872	107,807
	감가상각과 경비	7,360,800	14.7%	9,135,538	13.9%	736,266	736,266	661,179	661,179	736,266	661,179	736,266	811,353	811,353	811,353	736,266	1,036,612
매출원가 합계		40,588,480	81.1%	46,843,689	71.4%	3,759,422	3,759,422	3,325,462	3,325,462	3,759,422	3,325,462	3,759,422	4,193,382	4,193,382	4,191,645	3,757,684	5,493,525
매출총이익		9,456,520	18.9%	18,770,286	28.6%	1,489,696	1,489,696	1,267,517	1,267,517	1,489,696	1,267,517	1,489,696	1,711,876	1,711,876	1,713,613	1,491,434	2,380,152
	인건비	1,023,480	2.0%	1,074,654	1.6%	89,555	89,555	89,555	89,555	89,555	89,555	89,555	89,555	89,555	89,555	89,555	89,555
	감가상각비	207,900	0.4%	234,150	0.4%	19,512	19,512	19,512	19,512	19,512	19,512	19,512	19,512	19,512	19,512	19,512	19,512
	일반경비	2,841,600	5.7%	3,289,010	5.0%	251,170	264,957	223,788	237,575	258,063	237,575	278,744	299,232	299,232	299,232	264,957	374,485
	일반관리비	4,072,980	8.1%	4,597,814	7.0%	360,237	374,024	332,855	346,642	367,130	346,642	387,811	408,299	408,299	408,299	374,024	483,552
영업이익		5,383,540	10.8%	14,172,472	21.6%	1,129,460	1,115,673	934,662	920,875	1,122,566	920,875	1,101,885	1,303,576	1,303,576	1,305,314	1,117,410	1,896,600
	이자	850,000	1.7%	815,583	1.2%	94,302	72,048	70,345	62,150	61,818	60,716	67,036	71,491	70,964	66,248	58,311	60,155
	영업 외 손익	160,000	0.3%	0	0.0%	0	0	0	0	0	0	0	0	0	0		0
	영업외손익	1,010,000	2.0%	815,583	1.2%	94,302	72,048	70,345	62,150	61,818	60,716	67,036	71,491	70,964	66,248	58,311	60,155
세전손익		4,373,540	8.7%	13,356,889	20.4%	1,035,158	1,043,625	864,317	858,725	1,060,749	860,159	1,034,849	1,232,085	1,232,613	1,239,066	1,059,099	1,836,445
	법인세 등	950,000	1.9%	3,005,300	4.6%	232,910	234,816	194,471	193,213	238,668	193,536	232,841	277,219	277,338	278,790	238,297	413,200
세후손익		3,423,540	6.8%	10,351,589	15.8%	802,247	808,809	669,845	665,512	822,080	666,624	802,008	954,866	955,275	960,276	820,802	1,423,245
영업이익		5,383,540		14,172,472		1,129,460	1,115,673	934,662	920,875	1,122,566	920,875	1,101,885	1,303,576	1,303,576	1,305,314	1,117,410	1,896,600
EBITDA		6,423,040		15,343,222		1,227,022	1,213,235	1,032,225	1,018,438	1,220,129	1,018,438	1,199,448	1,401,139	1,401,139	1,402,876	1,214,972	1,994,162

명성산업㈜

제품별 손익분석표

단위 천원

품번	제품명	수량	매출액	매출구성비%	재료비	매출대비%	인건비	매출대비%	감가상각	매출대비%	제조경비	매출대비%	운반비	매출대비%	매출총이익	매출대비%	일반관리비	매출대비%	영업이익	매출대비%
1	2차전지	70	15,312,000	23.3%	7,934,400	51.8%	466,874	3.0%	202,945	1.3%	1,712,105	11.2%	297,009	1.9%	4,698,666	30.7%	1,115,352	7.3%	3,583,315	23.4%
2	디스플레이	93	9,300,000	14.2%	4,859,250	52.3%	264,562	2.8%	136,621	1.5%	996,507	10.7%	180,394	1.9%	2,862,666	30.8%	658,235	7.1%	2,204,432	23.7%
3	고굴절류 소재	350	27,523,125	41.9%	12,616,950	45.8%	715,874	2.6%	383,758	1.4%	2,796,012	10.2%	533,871	1.9%	10,476,660	38.1%	1,880,263	6.8%	8,596,397	31.2%
4	촉매	1,225	13,478,850	20.5%	10,476,743	77.7%	373,499	2.8%	213,276	1.6%	1,421,588	10.5%	261,451	1.9%	732,292	5.4%	943,964	7.0%	(211,672)	-1.6%
5		0	0	0.0%	0		0		0		0		0		0		0		0	
6		0	0	0.0%	0		0		0		0		0		0		0		0	
7		0	0	0.0%	0		0		0		0		0		0		0		0	
8		0	0	0.0%	0		0		0		0		0		0		0		0	
9		0	0	0.0%	0		0		0		0		0		0		0		0	
10		0	0	0.0%	0		0		0		0		0		0		0		0	
	양산품 계	1,737	65,613,975	100.0%	35,887,343	54.7%	1,820,809	2.8%	936,600	1.4%	6,926,213	10.6%	1,272,725	1.9%	18,770,286	28.6%	4,597,814	7.0%	14,172,472	21.6%
	기타제품	0	0	0.0%	0		0		0		0		0		0		0		0	
	제품 합계	1,737	65,613,975	100.0%	35,887,343	54.7%	1,820,809	2.8%	936,600	1.4%	6,926,213	10.6%	1,272,725	1.9%	18,770,286	28.6%	4,597,814	7.0%	14,172,472	21.6%

명성산업㈜

분기별 재무상태표

미결제어음할인 잔액

계정과목	2015 전년도 실적	2016 Q1	2016 Q2	2016 Q3	2016 Q4
현금 과 예금	560,000	1,475,221	2,646,732	3,080,021	3,719,690
외상매출금	11,120,000	11,285,604	11,285,604	11,285,604	11,285,604
받을 어음	802,000	0	0	0	0
대손충당금	(238,440)	(238,440)	(238,440)	(238,440)	(238,440)
미수금	250,000	250,000	250,000	250,000	250,000
기타 미수금	160,000	160,000	160,000	160,000	160,000
기타 유동자산	0	0	0	0	0
유동자산	12,653,560	12,932,385	14,103,896	14,537,185	15,176,854
원재료	2,350,000	2,654,680	2,654,680	3,185,616	3,539,574
재공품	3,000,000	1,647,315	1,647,315	1,961,681	2,171,259
제품	2,244,592	3,427,458	3,427,458	4,056,190	4,473,631
재고자산	7,594,592	7,729,454	7,729,454	9,203,488	10,184,464
유동자산 합계	20,248,152	20,661,839	21,833,350	23,740,673	25,361,317
투자자산	100,000	100,000	100,000	100,000	100,000
토지 와 건물, 구축물	17,790,000	17,692,938	20,095,875	19,998,813	19,901,750
기계장치	2,600,000	2,487,500	3,175,000	3,062,500	2,950,000
기타 유형자산	1,320,000	1,236,875	1,353,750	1,570,625	1,487,500
고정자산	21,710,000	21,417,313	24,624,625	24,631,938	24,339,250
무형자산 (영업권 등)	0	0	0	0	0
기타 고정자산	0	0	0	0	0
유형자산 합계	21,810,000	21,517,313	24,724,625	24,731,938	24,439,250
자산 총계	42,058,152	42,179,151	46,557,975	48,472,611	49,800,567
외상매입금	8,525,000	7,005,000	7,005,000	7,005,000	7,005,000
지급어음	0	(0)	(0)	(0)	(0)
미지급금	245,000	1,213	3,852,516	333,819	(90)
법인세 등 미지급금	0	568,915	907,249	1,593,463	2,516,036
단기 차입금	6,500,000	5,500,000	3,500,000	5,500,000	3,000,000
단기 리스	0	0	0	0	0
기타 미지급금	500,000	500,000	500,000	500,000	500,000
유동부채 합계	15,770,000	13,575,127	15,764,765	14,932,281	13,020,945
장기 차입금	10,000,000	10,000,000	10,000,000	10,000,000	10,000,000
장기 리스	0	0	0	0	0
퇴직급여 충당금	600,000	634,970	669,941	704,911	739,881
기타 고정 부채	6,000,000	6,000,000	6,000,000	6,000,000	6,000,000
고정부채 합계	16,600,000	16,634,970	16,669,941	16,704,911	16,739,881
부채 총계	32,370,000	30,210,097	32,434,705	31,637,192	29,760,826
자본금	4,000,000	4,000,000	4,000,000	4,000,000	4,000,000
자본잉여금	300,000	300,000	300,000	300,000	300,000
이익잉여금	1,964,612	5,388,152	5,388,152	5,388,152	5,388,152
당기순손익	3,423,540	2,280,902	4,435,118	7,147,267	10,351,589
자본 총계	9,688,152	11,969,054	14,123,270	16,835,419	20,039,741
부채 와 자본 총계	42,058,152	42,179,151	46,557,975	48,472,611	49,800,568
어음할인액을 포함한 총 차입금	16,500,000	15,500,000	13,500,000	15,500,000	13,000,000
차입금	16,500,000	15,500,000	13,500,000	15,500,000	13,000,000
※ check 는 '0'가 되어야 함	-	0	0	0	1
투하자본(자산-현금-유동부채)	32,728,152	33,697,718	33,053,727	38,053,771	39,075,968

명성산업㈜

월별 재무상태표

미결제어음할인 잔액

계정과목	2015 전년도 실적	2016 1 월	2016 2 월	2016 3 월	2016 4 월	2016 5 월	2016 6 월	2016 7 월	2016 8 월	2016 9 월	2016 10 월	2016 11 월	2016 12 월
현금 과 예금	560,000	848,199	(14,600)	1,475,221	1,060,885	1,600,112	2,646,732	1,900,902	2,366,070	3,080,021	3,512,334	2,971,679	3,719,690
외상매출금	11,120,000	11,202,802	11,285,604	11,285,604	11,285,604	11,285,604	11,285,604	11,285,604	11,285,604	11,285,604	11,285,604	11,285,604	11,285,604
받을 어음	802,000	0	0	0	0	0	0	0	0	0	0	0	0
대손충당금	(238,440)	(238,440)	(238,440)	(238,440)	(238,440)	(238,440)	(238,440)	(238,440)	(238,440)	(238,440)	(238,440)	(238,440)	(238,440)
미수금	250,000	250,000	250,000	250,000	250,000	250,000	250,000	250,000	250,000	250,000	250,000	250,000	250,000
기타 미수금	160,000	160,000	160,000	160,000	160,000	160,000	160,000	160,000	160,000	160,000	160,000	160,000	160,000
기타 유동자산	0	0	0	0	0	0	0	0	0	0	0	0	0
유동자산	12,653,560	12,222,561	11,442,564	12,932,385	12,518,049	13,057,276	14,103,896	13,358,065	13,823,234	14,537,185	14,969,498	14,428,842	15,176,854
원재료	2,350,000	2,890,652	2,831,659	2,654,680	2,477,701	2,654,680	2,654,680	2,654,680	3,008,637	3,185,616	3,185,616	3,008,637	3,539,574
공정품	3,000,000	1,787,034	1,752,104	1,647,315	1,542,527	1,647,315	1,647,315	1,647,315	1,856,893	1,961,681	1,961,681	1,856,893	2,171,259
제품	2,244,592	3,706,681	3,637,036	3,427,458	3,217,881	3,427,458	3,427,458	3,427,458	3,846,613	4,056,190	4,055,334	3,844,900	4,473,631
재고자산	7,594,592	8,384,366	8,220,799	7,729,454	7,238,109	7,729,454	7,729,454	7,729,454	8,712,143	9,203,488	9,202,631	8,710,430	10,184,464
유동자산 합계	20,248,152	20,606,927	19,663,363	20,661,839	19,756,158	20,786,730	21,833,350	21,087,519	22,535,377	23,740,673	24,172,129	23,139,272	25,361,317
투자자산	100,000	100,000	100,000	100,000	100,000	100,000	100,000	100,000	100,000	100,000	100,000	100,000	100,000
토지 와 건물, 구축물	17,790,000	17,757,646	17,725,292	17,692,938	17,660,583	20,128,229	20,095,875	20,063,521	20,031,167	19,998,813	19,966,458	19,934,104	19,901,750
기계장치	2,600,000	2,562,500	2,525,000	2,487,500	2,450,000	2,412,500	3,175,000	3,137,500	3,100,000	3,062,500	3,025,000	2,987,500	2,950,000
기타 유형자산	1,320,000	1,292,292	1,264,583	1,236,875	1,209,167	1,381,458	1,353,750	1,326,042	1,298,333	1,570,625	1,542,917	1,515,208	1,487,500
고정자산	21,710,000	21,612,438	21,514,875	21,417,313	21,319,750	23,922,188	24,624,625	24,527,063	24,429,500	24,631,938	24,534,375	24,436,813	24,339,250
무형자산 (영업권 등)	0	0	0	0	0	0	0	0	0	0	0	0	0
기타 고정자산	0	0	0	0	0	0	0	0	0	0	0	0	0
유형자산 합계	21,810,000	21,712,438	21,614,875	21,517,313	21,419,750	24,022,188	24,724,625	24,627,063	24,529,500	24,731,938	24,634,375	24,536,813	24,439,250
자산 총계	42,058,152	42,319,364	41,278,238	42,179,151	41,175,908	44,808,918	46,557,975	45,714,582	47,064,877	48,472,611	48,806,504	47,676,085	49,800,567
외상매입금	8,525,000	4,026,838	7,005,000	7,005,000	7,005,000	7,005,000	7,005,000	7,005,000	7,005,000	7,005,000	7,005,000	7,005,000	7,005,000
지급어음	0	(0)	(0)	(0)	(0)	(0)	(0)	(0)	(0)	(0)	(0)	(0)	(0)
미지급금	245,000	57,797	(56,629)	1,213	59,055	2,914,674	3,852,516	940,358	118,200	333,819	389,924	116,029	(90)
법인세 등 미지급금	0	132,673	407,345	568,915	830,661	774,315	907,249	1,162,349	1,368,279	1,593,463	1,899,318	2,210,336	2,516,036
단기 차입금	6,500,000	10,500,000	5,500,000	5,500,000	3,500,000	3,500,000	3,500,000	4,500,000	5,500,000	5,500,000	4,500,000	2,500,000	3,000,000
단기 리스	0	0	0	0	0	0	0	0	0	0	0	0	0
기타 미지급금	500,000	500,000	500,000	500,000	500,000	500,000	500,000	500,000	500,000	500,000	500,000	500,000	500,000
유동부채 합계	15,770,000	15,217,308	13,355,716	13,575,127	11,894,716	14,693,988	15,764,765	14,107,707	14,491,479	14,932,281	14,294,242	12,331,364	13,020,945
장기 차입금	10,000,000	10,000,000	10,000,000	10,000,000	10,000,000	10,000,000	10,000,000	10,000,000	10,000,000	10,000,000	10,000,000	10,000,000	10,000,000
장기 리스	0	0	0	0	0	0	0	0	0	0	0	0	0
퇴직급여 충당금	600,000	611,657	623,314	634,970	646,627	658,284	669,941	681,597	693,254	704,911	716,568	728,224	739,881
기타 고정 부채	6,000,000	6,000,000	6,000,000	6,000,000	6,000,000	6,000,000	6,000,000	6,000,000	6,000,000	6,000,000	6,000,000	6,000,000	6,000,000
고정부채 합계	16,600,000	16,611,657	16,623,314	16,634,970	16,646,627	16,658,284	16,669,941	16,681,597	16,693,254	16,704,911	16,716,568	16,728,224	16,739,881
부채 총계	32,370,000	31,828,965	29,979,029	30,210,097	28,541,343	31,352,272	32,434,705	30,789,304	31,184,733	31,637,192	31,010,809	29,059,588	29,760,826
자본금	4,000,000	4,000,000	4,000,000	4,000,000	4,000,000	4,000,000	4,000,000	4,000,000	4,000,000	4,000,000	4,000,000	4,000,000	4,000,000
자본잉여금	300,000	300,000	300,000	300,000	300,000	300,000	300,000	300,000	300,000	300,000	300,000	300,000	300,000
이익잉여금	1,964,612	5,388,152	5,388,152	5,388,152	5,388,152	5,388,152	5,388,152	5,388,152	5,388,152	5,388,152	5,388,152	5,388,152	5,388,152
당기순손익	3,423,540	802,247	1,611,056	2,280,902	2,946,414	3,768,494	4,435,118	5,237,126	6,191,992	7,147,267	8,107,543	8,928,345	10,351,589
자본 총계	9,688,152	10,490,399	11,299,208	11,969,054	12,634,566	13,456,646	14,123,270	14,925,278	15,880,144	16,835,419	17,795,695	18,616,497	20,039,741
부채 와 자본 총계	42,058,152	42,319,364	41,278,238	42,179,151	41,175,908	44,808,918	46,557,975	45,714,582	47,064,877	48,472,611	48,806,504	47,676,085	49,800,568
어음할인액을 포함한 총	16,500,000	20,500,000	15,500,000	15,500,000	13,500,000	13,500,000	13,500,000	14,500,000	15,500,000	15,500,000	14,500,000	12,500,000	13,000,000
차입금	16,500,000	20,500,000	15,500,000	15,500,000	13,500,000	13,500,000	13,500,000	14,500,000	15,500,000	15,500,000	14,500,000	12,500,000	13,000,000

명성산업㈜

분기별 현금흐름표

단위 천원

	2015	2016	1Q	2Q	3Q	4Q
	실적	계획	계획	계획	계획	계획
매출/손익						
매출	50,045,000	65,613,975	15,091,214	14,435,075	17,059,634	19,028,053
세 후 영업이익	4,433,540	11,167,172	2,517,597	2,338,899	2,921,640	3,389,037
영업이익률	8.86%	17.02%	16.68%	16.20%	17.13%	17.81%
EBITDA (세전))	5,473,040	12,337,921	2,810,284	2,631,586	3,214,328	3,681,723
운영 현금흐름						
영업이익	4,433,540	11,167,172	2,517,597	2,338,899	2,921,640	3,389,037
감가상각	1,039,500	1,170,749	292,687	292,687	292,687	292,687
외상매출금	10,881,560	11,047,164	11,047,164	11,047,164	11,047,164	11,047,164
받을 어음	802,000	-	0	0	0	0
재고자산	7,594,592	10,184,464	7,729,454	7,729,454	9,203,488	10,184,464
기타 유동자산	410,000	410,000	410,000	410,000	410,000	410,000
외상매입금	8,525,000	7,005,000	7,005,000	7,005,000	7,005,000	7,005,000
지급어음	0	(0)	-0	-0	-0	-0
미지급금	245,000	(90)	1,213	3,852,516	333,819	-90
기타 미지급금	1,100,000	3,755,917	1,703,885	2,077,190	2,798,374	3,755,917
운영자금 증감	9,818,152	10,880,801	10,476,520	6,251,913	10,523,460	10,880,801
순운영자금 증감 (+유리/-불리)	(9,818,152)	(1,062,649)	(658,368)	4,224,608	(4,271,547)	(357,341)
운영자금 현금흐름	(4,345,112)	11,275,272	2,151,916	6,856,194	(1,057,219)	3,324,382
투자	560,000	3,800,000	-	3,500,000	300,000	-
현금흐름	(4,905,112)	7,475,272	2,151,916	3,356,194	(1,357,219)	3,324,382
		6,659,689	1,915,221	3,171,511	(1,566,711)	3,139,668
은행 차입금	16,500,000	13,000,000	15,500,000	13,500,000	15,500,000	13,000,000
어음할인 미결제잔액	-	-	-	-	-	-
지급이자	850,000	815,583	236,695	184,683	209,491	184,714
순 현금흐름	(5,755,112)	3,159,689	4,415,221	1,171,511	433,289	639,668
운영자금 항목						
매출액증가율(매출/전기매출)						
영업이익증가율 (당기 영업익/전기 영업익)						
외상매출금	10,881,560	11,047,164	11,047,164	11,047,164	11,047,164	11,047,164
외상매출금 평균회수일	85	63	67	70	59	53
재고자산	7,594,592	10,184,464	7,729,454	7,729,454	9,203,488	10,184,464
재고자산 보유일	55	57	46	48	49	48
외상매입금	8,525,000	7,005,000	7,005,000	7,005,000	7,005,000	7,005,000
외상매입금 평균지급일	99	71	76	80	68	61
운영자금	(9,818,152)	(1,062,649)	(658,368)	4,224,608	(4,271,547)	(357,341)
매출에 대한 백분율	-19.62%	-1.62%	-4.36%	29.27%	-25.04%	-1.88%
ROIC	13.55%	28.58%	29.88%	28.30%	30.71%	34.69%

명성산업㈜
월별 현금흐름표

단위 천원

	2015	2016	1	2	3	4	5	6	7	8	9	10	11	12
	실적	계획	계획	계획	계획	계획	계획	계획	계획	계획	계획	계획	계획	계획
매출/손익														
매출	50,045,000	65,613,975	5,249,118	5,249,118	4,592,978	4,592,978	5,249,118	4,592,978	5,249,118	5,905,258	5,905,258	5,905,258	5,249,118	7,873,677
세후 영업이익	4,433,540	11,167,172	896,549	880,857	740,191	727,662	883,898	727,339	869,044	1,026,357	1,026,239	1,026,524	879,113	1,483,400
영업이익율	8.86%	17.02%	17.08%	16.78%	16.12%	15.84%	16.84%	15.84%	16.56%	17.38%	17.38%	17.38%	16.75%	18.84%
EBITDA	5,473,040	12,337,921	994,112	978,419	837,753	825,224	981,460	824,902	966,607	1,123,920	1,123,801	1,124,086	976,675	1,580,962
운영 현금흐름														
영업이익	4,433,540	11,167,172	896,549	880,857	740,191	727,662	883,898	727,339	869,044	1,026,357	1,026,239	1,026,524	879,113	1,483,400
감가상각	1,039,500	1,170,749	97,562	97,562	97,562	97,562	97,562	97,562	97,562	97,562	97,562	97,562	97,562	97,562
외상매출금	10,881,560	11,047,164	10,964,362	11,047,164	11,047,164	11,047,164	11,047,164	11,047,164	11,047,164	11,047,164	11,047,164	11,047,164	11,047,164	11,047,164
받을어음	802,000	-	0	0	0	0	0	0	0	0	0	0	0	0
재고자산	7,594,592	10,184,464	8,384,366	8,220,799	7,729,454	7,238,109	7,729,454	7,729,454	7,729,454	8,712,143	9,203,488	9,202,631	8,710,430	10,184,464
기타 유동자산	410,000	410,000	410,000	410,000	410,000	410,000	410,000	410,000	410,000	410,000	410,000	410,000	410,000	410,000
외상매입금	8,525,000	7,005,000	4,026,838	7,005,000	7,005,000	7,005,000	7,005,000	7,005,000	7,005,000	7,005,000	7,005,000	7,005,000	7,005,000	7,005,000
지급어음	0	(0)	-0	-0	-0	-0	-0	-0	-0	-0	-0	-0	-0	-0
미지급금	245,000	(90)	57,797	-56,629	1,213	59,055	2,914,674	3,852,516	940,358	118,200	333,819	389,924	116,029	-90
기타 미지급금	1,100,000	3,755,917	1,244,330	1,530,659	1,703,885	1,977,288	1,932,598	2,077,190	2,343,946	2,561,533	2,798,374	3,115,886	3,438,560	3,755,917
운영자금 증감	9,818,152	10,880,801	14,429,763	11,198,933	10,476,520	9,653,931	7,334,346	6,251,913	8,897,314	10,484,574	10,523,460	10,148,986	9,608,005	10,880,801
순운영자금증감 (+유리/불리)	(9,818,152)	(1,062,649)	(4,611,611)	3,230,830	722,413	822,590	2,319,584	1,082,434	(2,645,401)	(1,587,260)	(38,886)	374,474	540,980	(1,272,796)
운영자금 현금흐름	(4,345,112)	11,275,272	(3,617,499)	4,209,249	1,560,166	1,647,814	3,301,045	1,907,335	(1,678,794)	(463,340)	1,084,915	1,498,560	1,517,655	308,166
투자	560,000	3,800,000	-	-	-	-	2,700,000	800,000	-	-	300,000	-	-	-
현금흐름	(4,905,112)	7,475,272	(3,617,499)	4,209,249	1,560,166	1,647,814	601,045	1,107,335	(1,678,794)	(463,340)	784,915	1,498,560	1,517,655	308,166
은행 차입금	16,500,000	6,659,689	(3,711,801)	4,137,201	1,489,821	1,585,664	539,227	1,046,620	(1,745,830)	(534,831)	713,951	1,432,313	1,459,344	248,011
어음할인 미결제잔액		13,500,000	20,500,000	15,500,000	15,500,000	13,500,000	13,500,000	13,500,000	14,500,000	15,500,000	15,500,000	14,500,000	12,500,000	13,000,000
지급이자	850,000	815,583	94,302	72,048	70,345	62,150	61,818	60,716	67,036	71,491	70,964	66,248	58,311	60,155
순현금흐름	(5,755,112)	3,659,689	288,199	(862,799)	1,489,821	(414,336)	539,227	1,046,620	(745,830)	465,169	713,951	432,313	(540,656)	748,011
운영자금 항목														
매출액증가율(당기매출/전기매출)														
영업이익증가율 (당기영업익/전기영업익)														
외상매출금	10,881,560	11,047,164	10,964,362	11,047,164	11,047,164	11,047,164	11,047,164	11,047,164	11,047,164	11,047,164	11,047,164	11,047,164	11,047,164	11,047,164
외상매출금 평균회수일	85	63	191	191	219	219	192	219	192	171	171	192	192	128
재고자산	7,594,592	10,184,464	8,384,366	8,220,799	7,729,454	7,238,109	7,729,454	7,729,454	7,729,454	8,712,143	9,203,488	9,202,631	8,710,430	10,184,464
재고자산 보유일	55	57	144	141	151	142	133	151	133	133	140	140	149	116
외상매입금	8,525,000	7,005,000	4,026,838	7,005,000	7,005,000	7,005,000	7,005,000	7,005,000	7,005,000	7,005,000	7,005,000	7,005,000	7,005,000	7,005,000
외상매입금 평균지급일	99	71	42	73	84	84	73	84	73	65	65	65	73	49
운영자금	(9,818,152)	(1,062,649)	(4,611,611)	3,230,830	722,413	822,590	2,319,584	1,082,434	(2,645,401)	(1,587,260)	(38,886)	374,474	540,980	(1,272,796)
매출에 대한 백분율	-19.62%	-1.62%	-87.85%	61.55%	15.73%	17.91%	44.19%	23.57%	-50.40%	-26.88%	-0.66%	6.34%	10.31%	-16.17%
ROIC	13.55%	28.58%	9.59%	10.26%	8.79%	8.81%	10.62%	8.80%	9.69%	10.93%	10.79%	10.83%	9.36%	15.18%

명성산업㈜

2016년도 분기별 실물 현금흐름표

단위:천원

분기	1 분기	2 분기	3 분기	4 분기	합계
현금매출수입	16,057,452	15,517,705	18,339,106	20,455,157	70,369,419
매출 받을 어음 현금할인	-	-	-	-	-
매출 받을 어음 현금결재	802,000	-	-	-	802,000
고정자산 현금매각	-	-	-	-	-
부가세 및 조세환급	-	-	-	-	-
기타현금유입	-	-	-	-	-
현금수입 합계	16,859,452	15,517,705	18,339,106	20,455,157	71,171,419
재료 및 매입 현금지출	10,747,846	8,684,737	11,885,217	12,527,135	43,844,936
인건비 현금지출	688,896	688,896	688,896	688,896	2,755,582
재조경비 및 일반관리비지출	3,122,028	2,787,879	3,272,213	3,584,744	12,766,863
자산투자 현금결재	90	-	3,850,000	330,000	4,180,090
자재매입 지급어음 현금결재	-	-	-	-	-
미지급금 지급어음 현금결재	0	-	-	-	0
자산매입 지급어음 현금결재	-	-	-	-	-
지급이자 현금 지출	236,695	184,683	209,491	184,714	815,583
어음할인료 현금 지출	-	-	-	-	-
퇴직금 현금 지급	-	-	-	-	-
부가세 및 조세환급	46,000	-	-	-	46,000
기타 현금지출	102,676	-	-	-	102,676
현금 지출 합계	14,944,231	12,346,194	19,905,817	17,315,488	64,511,730
순 현금흐름	1,915,221	3,171,511	- 1,566,711	3,139,668	6,659,690
전 분기 현금보유액	560,000	1,475,221	2,646,732	3,080,021	560,000
차입금 (회사채 포함)	4,000,000	-	2,000,000	500,000	6,500,000
차입금 상환 (회사채포함)	5,000,000	2,000,000	-	3,000,000	10,000,000
자본금 증자	-	-	-	-	-
최종 현금 및 예금	1,475,221	2,646,732	3,080,021	3,719,690	3,719,690
차입금한도액	18,500,000	18,500,000	18,500,000	18,500,000	18,500,000
차입금 합계	15,500,000	13,500,000	15,500,000	13,000,000	13,000,000
차입금 한도잔액	3,000,000	5,000,000	3,000,000	5,500,000	5,500,000
현금동원가능 한도액	4,475,221	7,646,732	6,080,021	9,219,690	9,219,690

명성산업㈜

2016년도 월별 실물 현금 흐름표

월	1	2	3	4	5	6	7	8	9	10	11	12	합계
현금매출수입	5,560,000	5,560,000	4,937,452	4,937,452	5,642,802	4,937,452	5,642,802	6,348,152	6,348,152	6,348,152	5,642,802	8,464,203	70,369,419
매출 받을 어음 현금할인	0	0	0	0	0	0	0	0	0	0	0	0	0
매출 받을 어음 현금결재	802,000	0	0	0	0	0	0	0	0	0	0	0	802,000
고정자산 현금매각	0	0	0	0	0	0	0	0	0	0	0	0	0
부가세 및 조세환급	0	0	0	0	0	0	0	0	0	0	0	0	0
기타현금유입	0	0	0	0	0	0	0	0	0	0	0	0	0
현금수입 합계	6,362,000	5,560,000	4,937,452	4,937,452	5,642,802	4,937,452	5,642,802	6,348,152	6,348,152	6,348,152	5,642,802	8,464,203	71,171,419
													0
재료 및 매입 현금지출	8,525,000	0	2,222,846	2,222,846	3,698,565	2,763,325	3,158,086	4,633,805	4,093,326	3,551,905	2,616,665	6,358,566	43,844,936
인건비 현금지출	172,224	344,448	172,224	172,224	344,448	172,224	172,224	172,224	344,448	172,224	172,224	344,448	2,755,582
재조경비 및 일반관리비지출	1,236,230	1,006,258	879,539	894,567	998,744	894,567	1,021,286	1,125,463	1,125,463	1,125,463	1,006,258	1,453,022	12,766,863
자산투자 현금결재	45	45	0	0	0	0	2,970,000	880,000	0	0	330,000	0	4,180,090
자재매입 지급어음 현금결재	0	0	0	0	0	0	0	0	0	0	0	0	0
미지급금 지급어음 현금결재	0	0	0	0	0	0	0	0	0	0	0	0	0
자산매입 지급어음 현금결재	0	0	0	0	0	0	0	0	0	0	0	0	0
지급이자 현금 지출	94,302	72,048	70,345	62,150	61,818	60,716	67,036	71,491	70,964	66,248	58,311	60,155	815,583
어음할인료 현금 지출	0	0	0	0	0	0	0	0	0	0	0	0	0
퇴직금 현금 지급	0	0	0	0	0	0	0	0	0	0	0	0	0
부가세 및 조세환급	46,000	0	0	0	0	0	0	0	0	0	0	0	46,000
기타 현금지출	0	0	102,676	0	0	0	0	0	0	0	0	0	102,676
													0
													0
현금 지출 합계	10,073,801	1,422,799	3,447,631	3,351,787	5,103,575	3,890,832	7,388,632	6,882,984	5,634,201	4,915,839	4,183,457	8,216,192	64,511,730
													0
순 현금흐름	(3,711,801)	4,137,201	1,489,821	1,585,664	539,227	1,046,620	(1,745,830)	(534,831)	713,951	1,432,313	1,459,344	248,011	6,659,690
													0
전월 현금보유액	560,000	848,199	(14,600)	1,475,221	1,060,885	1,600,112	2,646,732	1,900,902	2,366,070	3,080,021	3,512,334	2,971,679	560,000
차입금 (회사채 포함)	4,000,000	0	0	0	0	0	1,000,000	1,000,000	0	0	0	500,000	6,500,000
차입금 상환 (회사채포함)	0	5,000,000	0	2,000,000	0	0	0	0	0	1,000,000	2,000,000	0	10,000,000
자본금 증자	0	0	0	0	0	0	0	0	0	0	0	0	0
최종 현금 및 예금	848,199	(14,600)	1,475,221	1,060,885	1,600,112	2,646,732	1,900,902	2,366,070	3,080,021	3,512,334	2,971,679	3,719,690	3,719,690
차입금한도액	18,500,000	18,500,000	18,500,000	18,500,000	18,500,000	18,500,000	18,500,000	18,500,000	18,500,000	18,500,000	18,500,000	18,500,000	18,500,000
차입금 합계	15,500,000	10,500,000	10,500,000	8,500,000	8,500,000	8,500,000	9,500,000	10,500,000	10,500,000	9,500,000	7,500,000	8,000,000	8,000,000
차입금 한도잔액	3,000,000	8,000,000	8,000,000	10,000,000	10,000,000	10,000,000	9,000,000	8,000,000	8,000,000	9,000,000	11,000,000	10,500,000	10,500,000
현금동원가능 한도액	3,848,199	7,985,400	9,475,221	11,060,885	11,600,112	12,646,732	10,900,902	10,366,070	11,080,021	12,512,334	13,971,679	14,219,690	14,219,690

명성산업㈜

2015 실적 vs. 2016 예산
전년도 대비 예산 영업이익 분석

단위 원천

	2015실적 (10 개월+2 개월)	매출수량 매출액차이	단가 차이 인상/인하	부산물 처분이익	물가인상	외주용역 으 로 인한 차이	원가절감 성 과	일시적인 조 정	2016 예산 예산
매출	50,045,000	11,641,000	3,927,975	0		0	0	(0)	65,613,975
재료비	31,432,000	6,344,150	0	0	1,571,600	0	(3,460,408)	0	35,887,343
인건비	1,795,680	334,155			89,784	0	(398,810)		1,820,809
감가상각비	831,600				0			105,000	936,600
제조경비	5,809,200	945,897			348,552	0	(177,437)		6,926,213
운반비	720,000	117,236			43,200	0	392,289		1,272,725
기타	0						0		0
총 매출비용 계	40,588,480	7,741,438	0	0	2,053,136	0	(3,644,365)	105,000	46,843,689
매출 총 이익	9,456,520	3,899,562	3,927,975	0	(2,053,136)	0	3,644,365	(105,000)	18,770,286
일반관리비	3,865,080	539,435			231,905	0	(272,756)		4,363,664
일반관리-감가상각비	207,900	0			0	0	0	26,250	234,150
기타	0								0
일반관리비 계	4,072,980	539,435			231,905	0	(272,756)	26,250	4,597,814
기타		0			0	0	0		0
영업이익	5,383,540	3,360,126	3,927,975	0	(2,285,041)	0	3,917,121	(131,250)	14,172,472

명성산업㈜

부가가치배분 경영관리표

단위 천원

부가가치 배분	2015	배분비율 (%)	2016	배분비율 (%)
매출	50,045,000		65,613,975	
재료비	31,432,000		35,887,343	
직접 제조경비	6,529,200		8,198,938	
부가가치	12,083,800	100.0%	21,527,695	100.0%
종업원배분 (인건비)	2,531,160	20.9%	2,593,063	12.0%
일반관리비	2,841,600	23.5%	3,289,010	15.3%
투자 배분(감가상각비)	1,039,500	8.6%	1,170,750	5.4%
금융비용	850,000	7.0%	815,583	3.8%
안전배분(대손,처분,평가)	160,000	1.3%	0	0.0%
주주배분(배당)	-	0.0%	-	0.0%
경영자보수	288,000	2.4%	302,400	1.4%
사내유보 (이익잉여금)	3,423,540	28.3%	10,351,589	48.1%
정부배분 (법인세 등)	950,000	7.9%	3,005,300	14.0%
부가가치 처분합계	12,083,800	100.0%	21,527,695	100.0%
현금흐름(부가가치의%)	(4,905,112)	-40.6%	7,475,272	34.7%

부가가치경영분석은 합리적이고 지속적인 분배와 위대한 회사를 만들기 위한
경영관리의 일환입니다.

부가가치 1%의 증가 혹은 실적개선은 금액상으로는2000 백만원이며 이를 위하여는
재료비를 1.83 % 혹은 금액상으로는 제조경비를 포함하여 656 백만원을 내리거나,
아니면 매출을 3 % 혹은 금액상으로는 2000 백만원을 올려야 됩니다.

상기 각 항목별 부가가치배분 율은 목표의식을 가지고 매년 전임직원이 합심하여
정하고 실천해 나가야 하는 관리포인트 입니다. 종업원배분(인건비) 이나 사내
유보 분을 1% 늘리려면 타 항목에서 1% 줄여야 됨을 인식한다면 비용 및 금융비용
을 줄이고 항목별 지속적인 혁신과 노력을 실천하여야 합니다.

명성산업㈜

매출, 인건비 와 환율 변동에 대한 기회와 위험 영향분석

단위 천원	매출	영업이익	영업이익증감	ROS (%)	ROIC (%)	EBITDA
2016년도 예산	65,613,975	14,172,472	0	21.6%	28.6%	15,343,222
위험요소 (Risks)						
1. 15% 매출 감소	55,771,879	11,242,865	(2,929,607)	20.2%		12,413,615
2. 20% 인건비 상승	65,613,975	13,593,379	(579,093)	20.7%		14,764,129
기회요소 (Opportunities)						
1. 15% 매출 증가	75,456,071	17,102,079	2,929,607	22.7%		18,272,829
2. 20% 인건비 절감	65,613,975	14,751,565	579,093	22.5%		15,922,315
환율변동 영향 (FX Effect)						
1. 25% 환율상승(원화절하)	69,714,848	15,581,795	1,409,323	22.4%		16,752,545
2. 25% 환율하락(원화절상)	61,513,102	12,763,149	(1,409,323)	20.7%		13,933,899

명성산업㈜

2016년도 손익분기점 (BEP) 과 재무전략 SIMULATION

단위 천원

주요항목	분석내용	직전 년도	예산 년도
매출액		50,045,000	65,613,975
고정비	매출에 상관없는 기본비용	6,721,940	7,344,413
변동비	매출에 따라 변동 하는 비용	38,949,520	44,912,673
손익분기점율	손익분기점 매출액/실현매출액	61%	35%
손익분기점 매출액	고정비용/공헌이익률=	30,318,606	23,278,543
초과 매출액 (안전 매출액)		19,726,394	42,335,432
안전마진율	초과매출/매출액=	39%	65%
공헌이익	매출-변동비=	11,095,480	20,701,302
공헌이익 (Contribution Margin)율	공헌이익/매출액=	22%	32%
목표영업이익	회사의 목표 영업이익		-
목표매출액	((고정비용-영업외비용)+목표 영업이익)/공헌이익률=		20,693,506

	재무전략을 위한 7가지 도상연습	재무전략가정 변수	직전 년도	예산 년도
1	손익분기점 매출은 (BEP)	BEP	30,318,606	23,278,543
2	영업이익 10 억원 달성시 매출액은얼마?	1,000,000	30,273,502	23,863,063
3	고정비가 20 % 증가시 손익분기점매출은 얼마이며 ?	20.0%	36,382,327	27,934,252
	기존의 손익분기점 매출과 얼마의 차이가 나며 ?		6,063,721	4,655,709
	차이금액은 손익분기점매출액 대비 ( )% 이냐 ?		0	0
4	변동비가 10 % 증가시 손익분기점매출은 얼마이며 ?	10.0%	46,718,725	29,728,261
	기존의 손익분기점 매출과 얼마의 차이가 나며 ?		16,400,119	6,449,718
	차이금액은 손익분기점매출액 대비 ( )% 이냐 ?		1	0
5	매출단가 가 15 % 인상시 손익분기점매출은 얼마 ?	15.0%	20,796,400	18,144,038
	매출단가 가 15 % 인하시 손익분기점매출은 얼마 ?	15.0%	79,677,090	37,720,228
6	매출액이 1 % 증가시 영업손익은 얼마 ?	1.0%	4,484,495	13,563,902
	매출액이 1 % 감소시 영업손익은 얼마 ?	1.0%	4,262,585	13,149,876
7	현재상태에서 최대차입금의 한도액은 ?(차입금도산분기점)		97,882,545	257,681,308

명성산업㈜

2016년도 경영비율 분석

경영비율 내용	재무비율 공식	2015년도 재무분석	2016년도 재무분석	경쟁사 비율분석	산업평균 비율 분석	권장방향
성장성						
총자산 증가율	당기 총자산/전기 총자산=		118.4%			높음
유형자산 증가율	당기 유형자산/전기유형자산=		112.1%			높음
유동자산 증가율	당기 유동자산/전기 유동자산=		119.9%			높음
재고자산 증가율	당기 재고자산/전기재고자산=		134.1%			높음
자기자본 증가율	당기 자기자본/전기자기자본=		206.8%			높음
매출액 증가율	당기 매출액/전기매출액=		131.1%			높음
수익성						
총자산 경상이익률	경상이익/총자산=	10.4%	26.8%			높음
총자산 순 이익률	당기순손익/총자산=	8.1%	20.8%			높음
기업경상 이익률	(경상순손익+이자)/총자산=	12.4%	28.5%			높음
기업 순 이익률	(당기순손익+이자)/총자산=	10.2%	22.4%			높음
자기자본경상 이익률(ROE)	경상손익/자기자본=	45.1%	66.7%			높음
자기자본 순 이익률	순 손익/자기자본=	35.3%	51.7%			높음
매출경상 이익률	경상손익/매출액=	8.7%	20.4%			높음
매출 순 이익률	순 손익/매출액=	6.8%	15.8%			높음
매출영업 이익률	영업손익/매출액=	10.8%	21.6%			높음
차입금평균이자율	이자/총 차입금=	5.2%	6.3%			낮음
매출금융비용	이자/매출액=	1.7%	1.2%			낮음
안정성						
자기자본비율	자기자본/총자본(자본+부채)=	23.0%	40.2%			높음
유동비율	유동자산/유동부채=	80.2%	116.6%			높음
당좌비율	당좌자산/유동부채=	77.6%	113.4%			높음
고정비율	(고정자산-이연자산)/자기자본=	221.5%	120.2%			낮음
고정장기적합률	(고정자산-이연자산)/(자기자본+고정부채)=	81.6%	65.5%			낮음
부채상환계수	(현금흐름+금융비용)/(단기차입금+유동성장기부채+금융비용)	-55.2%	131.3%			높음
부채비율	부채/자기자본=	334.1%	148.5%			낮음
유동부채비율	유동부채/자기자본=	162.8%	65.0%			낮음
고정부채비율	고정부채/자기자본=	171.3%	83.5%			낮음
차입금의존도	총 차입금/총자본=	39.2%	26.1%			낮음
자기자본 대 차입금비율	총 차입금/자기자본=	170.3%	64.9%			높음
매출채권 대 매입채무비율	매출채권/매입채무=	139.8%	161.1%			높음
매출채권 대 제품비율	매출채권/제품 및 반제품=	157.0%	110.8%			높음
매입채무 대 재고자산비율	매입채무/재고자산=	112.3%	68.8%			높음
순 운전자본 대 총자본비율	(유동자산-유동부채)/총자본=	-7.4%	4.3%			높음

명성산업㈜

2016년도 경영비율 분석

경영비율 내용	재무비율 공식	2015년도 재무분석	2016년도 재무분석	경쟁사 비율분석	산업평균 비율 분석	권장방향
활동성						
총자산 회전율	매출액/총자산=	119.0%	131.8%			높음
자기자본회전율	매출액/자기자본=	516.6%	327.4%			높음
고정자산회전율	매출액/(고정자산-이연자산)=	233.2%	272.4%			높음
유형자산회전율	매출액/유형자산=	229.5%	268.5%			높음
재고자산회전율	매출액/재고자산=	659.0%	644.3%			높음
매출채권회전율	매출액/매출채권=	419.8%	581.4%			높음
매입채무회전율	매출액/매입채무=	587.0%	936.7%			높음
생산성						
부가가치	매출액-재료비-제조경비(인건비+감가상각비 제외)=		21,527,695			높음
1인당 부가가치 증가율	당기 종업원 1인당부가가치/전기 종업원 1인당부가가치=		179.7%			높음
1인당 매출증가율	당기 종업원 1인당매출액/전기 종업원 1인당매출액=		132.2%			높음
1인당 인건비증가율	당기 종업원 1인당인건비/전기 종업원 1인당 인건비=		103.6%			높음
1인당 노동장비율	(유형자산-건설중인자산)/종업원수=	184,831	208,882			높음
기계장비율	기계장치/종업원수=	22,034	25,214			높음
1인당 자본집약도	총자본/종업원 수=	356,425	425,646			높음
총자본투자효율	부가가치/총자본=	28.7%	43.2%			높음
설비투자율	부가가치/(유형자산-건설 중인 자산)=	55.4%	88.1%			높음
기계투자효율	부가가치/기계장치=	464.8%	729.8%			높음
부가가치율	부가가치/매출액=	24.1%	32.8%			높음
노동소득분배율	인건비/부가가치=	23.3%	13.4%			낮음
EVA						
경제적 부가가치(EVA)	세후영업이익(NOPAT)-자본비용=	1,160,725	7,259,575			높음
자본비용	투자자본x 투자자본기대 수익률=	3,272,815	3,907,597			낮음
투자자본 수익률(ROIC)	NOPAT/투자자본=	13.5%	28.6%			높음

Note: 산업표준비율은 한국은행과 산업은행에서 매년 발간하는 기업경영분석과 재무분석에서 자료를 얻을 수 있다.

명성산업㈜

DCF 방식에 의한 기업가치

주어진 가정과 여건하에 회사의 1주당 가치를 계산하는 것임

예산 년도 이후부터 평균 성장률	8.0%
예산 년도 이후부터 재 투자율 (세후영업이익의 x %)	20.0%
예산 년도 이후 투자의 평균감가상각년수	7
자본조달 비용	10.0%

	2015	예산 년도	3차년도	4차년도	5차년도	잔존 년도
매출	50,045,000	65,613,975	70,863,093	76,532,140	82,654,712	
세후영업이익	4,433,540	11,167,172	12,060,546	13,025,389	14,067,420	
감가상각비	1,039,500	1,170,749	1,515,336	1,887,490	2,289,417	
EBITDA	5,473,040	12,337,921	13,575,882	14,912,880	16,356,837	
운영자금 증감 분(증+, 감-)	- 9,818,152	- 1,062,649	- 1,062,649	- 1,062,649	- 1,062,649	
투자 (Capital Expenditure)	560,000	3,800,000	2,412,109	2,605,078	2,813,484	
잉여현금흐름 (Free Cash Flow)	- 4,905,112	7,475,272	10,101,124	11,245,153	12,480,704	13,479,160
	-	1	2	3	4	5
할인된 현금흐름 (현재가치)	- 4,905,112	6,795,702	8,348,036	8,448,650	8,524,489	
할인된 현금흐름 누계 액						27,211,765
잔존가치	-	-	-	-		134,791,604
할인된 잔존가치	-	-	-	-		134,791,604
현금할인 (DCF)방식에 의한 기업가치						162,003,369
체감: 단기 차입금	(6,500,000)	(3,000,000)				(3,000,000)
체감: 장기 차입금	(10,000,000)	(10,000,000)				(10,000,000)
보유현금	560,000	3,719,690				3,719,690
자기자본 순 기업가치						152,723,059
장부상 자본지부	9,688,152	20,039,741				20,039,741
자본대 기업가치 평가배수						7.6
주식발행 총수		1,500,000				1,500,000
주당 주식가격 (천원)						101.8

명성산업㈜

유가증권법에 의한 기업평가

단위 천원

항목/년도	2015	2016
자산총계	42,058,152	49,800,567
부채총계	32,370,000	29,760,826
자본총계	9,688,152	20,039,741
조정		
순자산	9,688,152	20,039,741
세전손익	4,373,540	13,356,889
법인세	950,000	3,005,300
당기순이익	3,423,540	10,351,589
발행주식수	1,500,000	1,500,000
주당순자산	6.459	13.360
주당평균순자산	9.909	
주당수익	2.282	6.901
가중치	2	1
주당평균수익	6.865	
자본환원율	9.5%	
수익가치	72.264	
가중치 (주당평균자산 : 수익가치)	1	1.5
주당평균가격	47.322	
기업가치	70,983,113	

기업가치는 70983 백만원 이고 주당가격은470 천원 입니다.

현금흐름법에 의한 기업평가

항목/년도	2015	2016
현금흐름	(4,345,112)	11,275,272
현금할인가치	(4,345,112)	10,250,248
2년차 현금흐름	11,275,272	
자본비용	10.0%	
연도말 잔존가치	112,752,723	
연도말 할인요소	0.909	
잔존가치의 현재가치	102,502,476	

기업가치는 102502 백만원 입니다.

EBITDA 와 EVA 방식에 의한 기업평가

항목/년도	2015	2016
EBITDA	6,423,040	15,343,222
배수	7.0	7.0
기업가치	44,961,280	107,402,553
차입금	16,500,000	13,000,000
현금과 예금	560,000	3,719,690
년 순기업가치	29,021,280	98,122,243
년평균기업가치	63,571,762	
2년차 현재기업가치	89,202,039	
EVA	1,160,725	7,259,575
NPV of EVA	1,160,725	6,599,614
Cum. NPV of EVA	1,160,725	7,760,339
경제적부가가치	경제적부가가치가 양수이면 투자적격 임. (자본조달비용을 상회하는수익)	

기업가치는 89202 백만원 입니다.

명성산업㈜

금융기관의 신용평가표 (회사채 신용평가)

구분	평가요소	평점분류							회사 평점	
		A		B		C		D		E
										2015년도	2016년도

구분	평가요소	A	B	C	D	E	2015년도	2016년도
유동성	유동비율	8 150%~	6 125%~150%	4 100%~125	2 75%~100%	1 75% 미만	2	4
	부채상환계수	6 80%~	5 50%~80%	4 30%~50	3 20%~30%	2 20% 미만	1	6
	자기자본회전율	8 10회~	6 5회~10회	4 3.3회~5회	2 2.5회~3.3회	1 2.5회 미만	6	4
안정성	자기자본비율	8 40%~	6 30%~40%	4 20%~30%	2 15%~20%	1 15%미만	4	8
	차입금의존도	6 30% 미만	5 30%~45% 미만	4 45%~60%미만	3 60%~75%미만	2 75%이상	5	6
	유동부채비율	6 100% 미만	5 100%~250미만	4 250%~400미만	3 400%~500미만	2 500% 이상	5	6
수익성	매출영업 이익률	6 12%~	5 8%~12%	4 5%~8%	3 3%~5%	2 3% 미만	4	6
	매출금융비율	4 3% 미만	3 3%~4% 미만	2 4%~6%미만	1 6%~10%미만	0 10%이상	4	4
	총자산경상 이익률	6 5%~	5 3%~5%	4 1.5%~3%	3 0.5%~1.5%	2 0.5%미만	6	6
	자기자본 순이익율	4 12%~	3 8%~12%	2 5%~8%	1 3%~5%	0 3%미만	4	4
활동성	매출증가율	8 30%~	6 20%~30%	4 10%~20%	2 5%~10%	1 5%미만	1	8
	총자본회전율	6 1.5회~	5 1회~1.5회	4 0.8회~1회	3 0.6회~0.8회	2 0.6회미만	5	5
	매출채권회전율	4 8회~	3 6회~8회	2 5회~6회	1 3회~5회	0 3회미만	3	3
기타	자기자본금	6 150억~	5 80억~150억	4 30억~80억	3 5억~30억	2 5억미만	5	6
	회사창업이력(년)	4 15년~	3 10년~15년	2 5년~10년	1 3년~5년	0 3년미만	1	1
	매출액(억)	6 500억~	5 150억~500억	4 30억~150억	3 10억~30억	2 10억미만	6	6
	기업형태	4 상장	3 등록	2 외감	1 기타		1	1
종합평점		100	79	58	37	20	63	84
등급							C	A

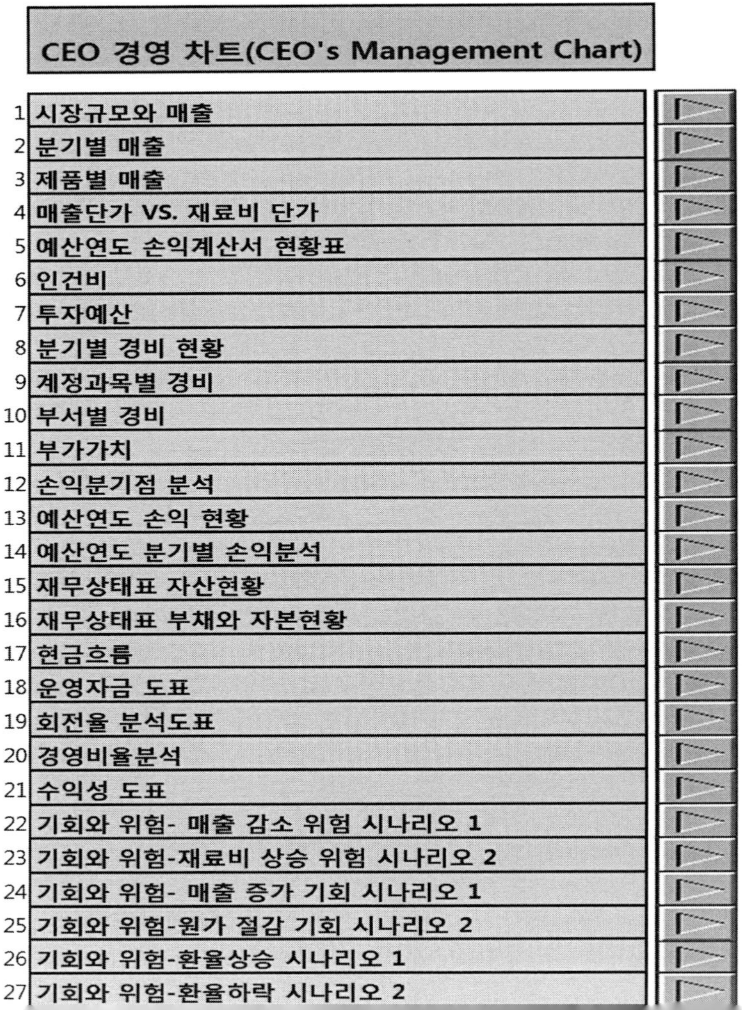

CEO 경영 차트(CEO's Management Chart)

1	시장규모와 매출
2	분기별 매출
3	제품별 매출
4	매출단가 VS. 재료비 단가
5	예산연도 손익계산서 현황표
6	인건비
7	투자예산
8	분기별 경비 현황
9	계정과목별 경비
10	부서별 경비
11	부가가치
12	손익분기점 분석
13	예산연도 손익 현황
14	예산연도 분기별 손익분석
15	재무상태표 자산현황
16	재무상태표 부채와 자본현황
17	현금흐름
18	운영자금 도표
19	회전율 분석도표
20	경영비율분석
21	수익성 도표
22	기회와 위험- 매출 감소 위험 시나리오 1
23	기회와 위험-재료비 상승 위험 시나리오 2
24	기회와 위험- 매출 증가 기회 시나리오 1
25	기회와 위험-원가 절감 기회 시나리오 2
26	기회와 위험-환율상승 시나리오 1
27	기회와 위험-환율하락 시나리오 2

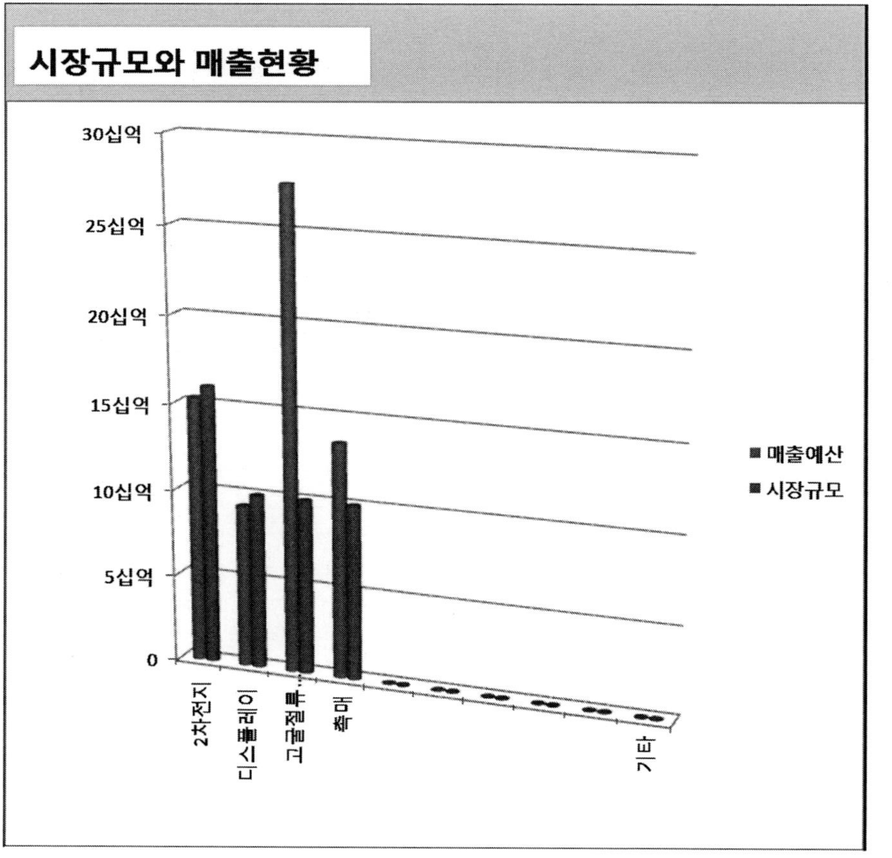

시장규모와 매출현황
30십억
25십억
20십억
15십억
10십억
5십억
0
2차전지
디스플레이
근결부..
촉매
기타
매출예산
시장규모

분기별 매출 현황

20십억
18십억
16십억
14십억
12십억
10십억
8십억
6십억
4십억
2십억
0
15,091,214
14,435,075
17,039,634
19,028,053
1분기
2분기
3분기
4분기

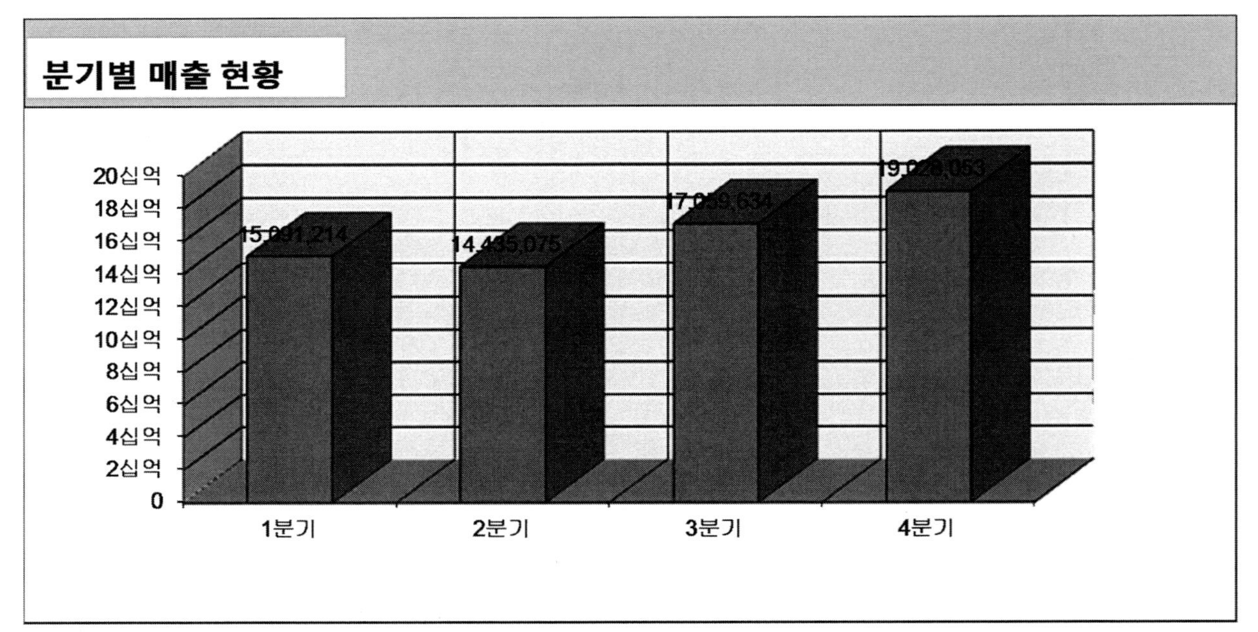

제품별 매출 현황

매출예산
0
0
0
0
0
0
13,478,850
15,312,000
27,523,125
9,303,000
2차전지
디스플레이
고굴절류 소재
촉매
기타

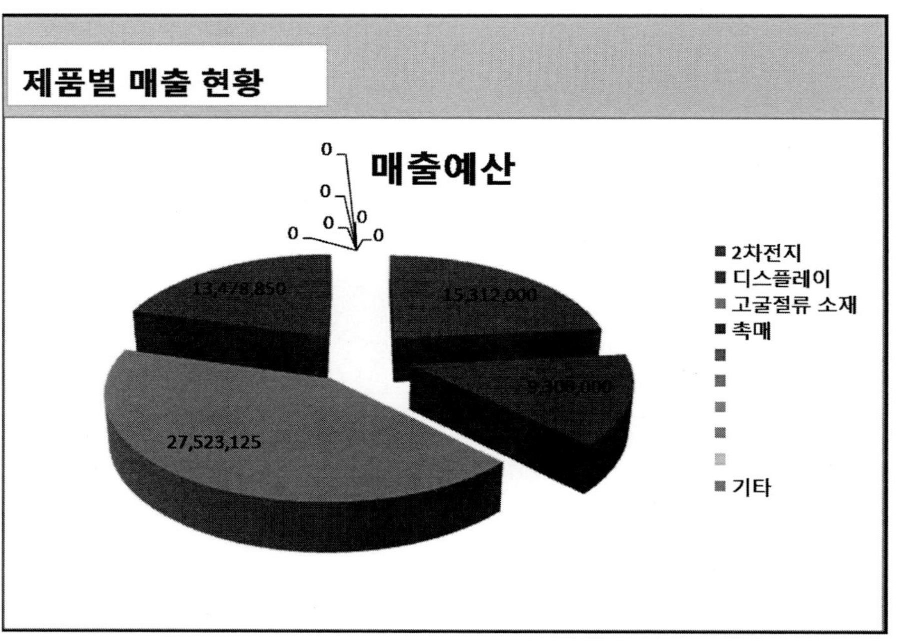

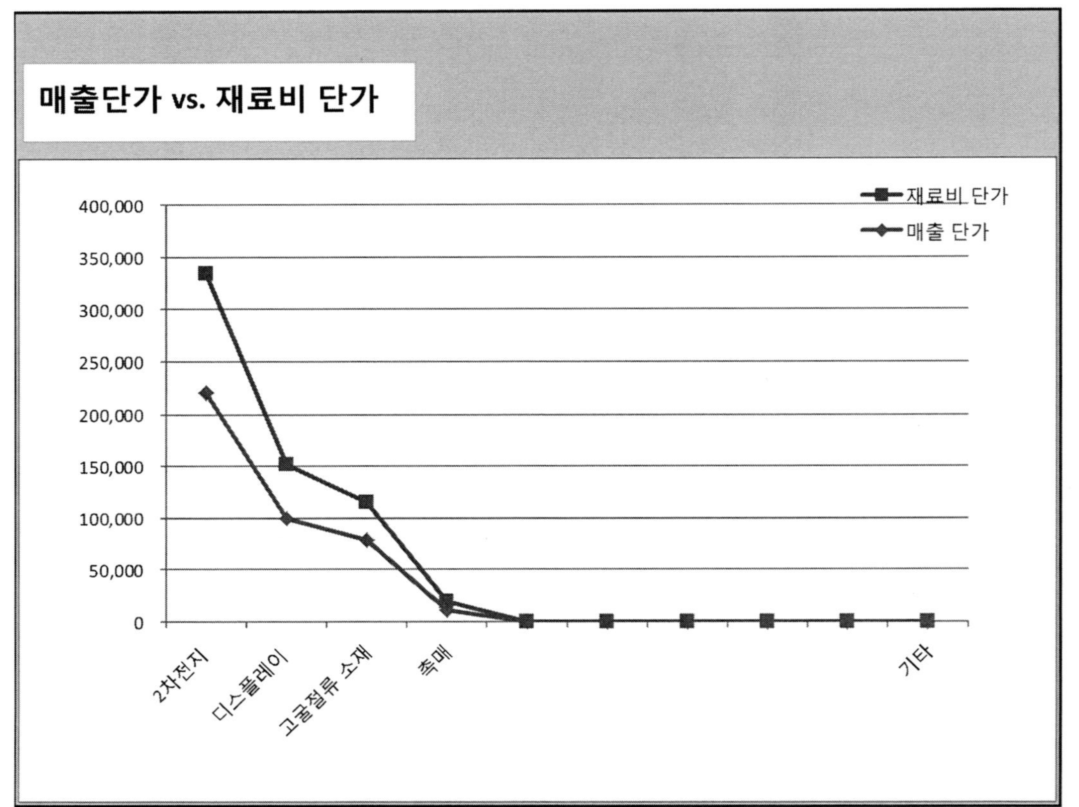

매출단가 vs. 재료비 단가
재료비 단가
매출 단가
400,000
350,000
300,000
250,000
200,000
150,000
100,000
50,000
0
2차전지
디스플레이
고굴절류 소재
촉매
기타

분기별 손익계산서 현황

손익계산서	1분기	2분기	3분기	4분기	합계
매출	15,091,214	14,435,075	17,059,634	19,028,053	65,613,975
매출원가	10,844,305	10,410,345	12,146,185	13,442,854	46,843,689
매출총이익	4,246,909	4,024,730	4,913,448	5,585,199	18,770,286
일반관리비	1,067,115	1,060,414	1,204,410	1,265,875	4,597,814
영업이익	3,179,794	2,964,316	3,709,038	4,319,324	14,172,473
영업외비용	0	0	0	0	0
세전손익	2,943,099	2,779,633	3,499,547	4,134,610	13,356,890
법인세 등	662,197	625,417	787,398	930,287	3,005,300
세후손익	2,280,902	2,154,216	2,712,149	3,204,323	10,351,589

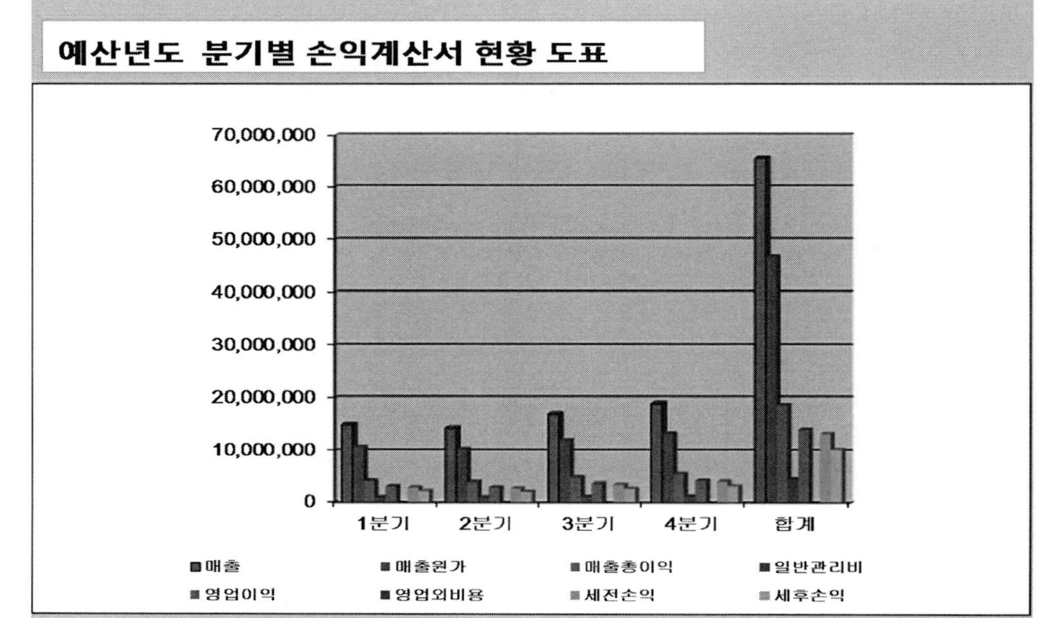

직급별 인원현황

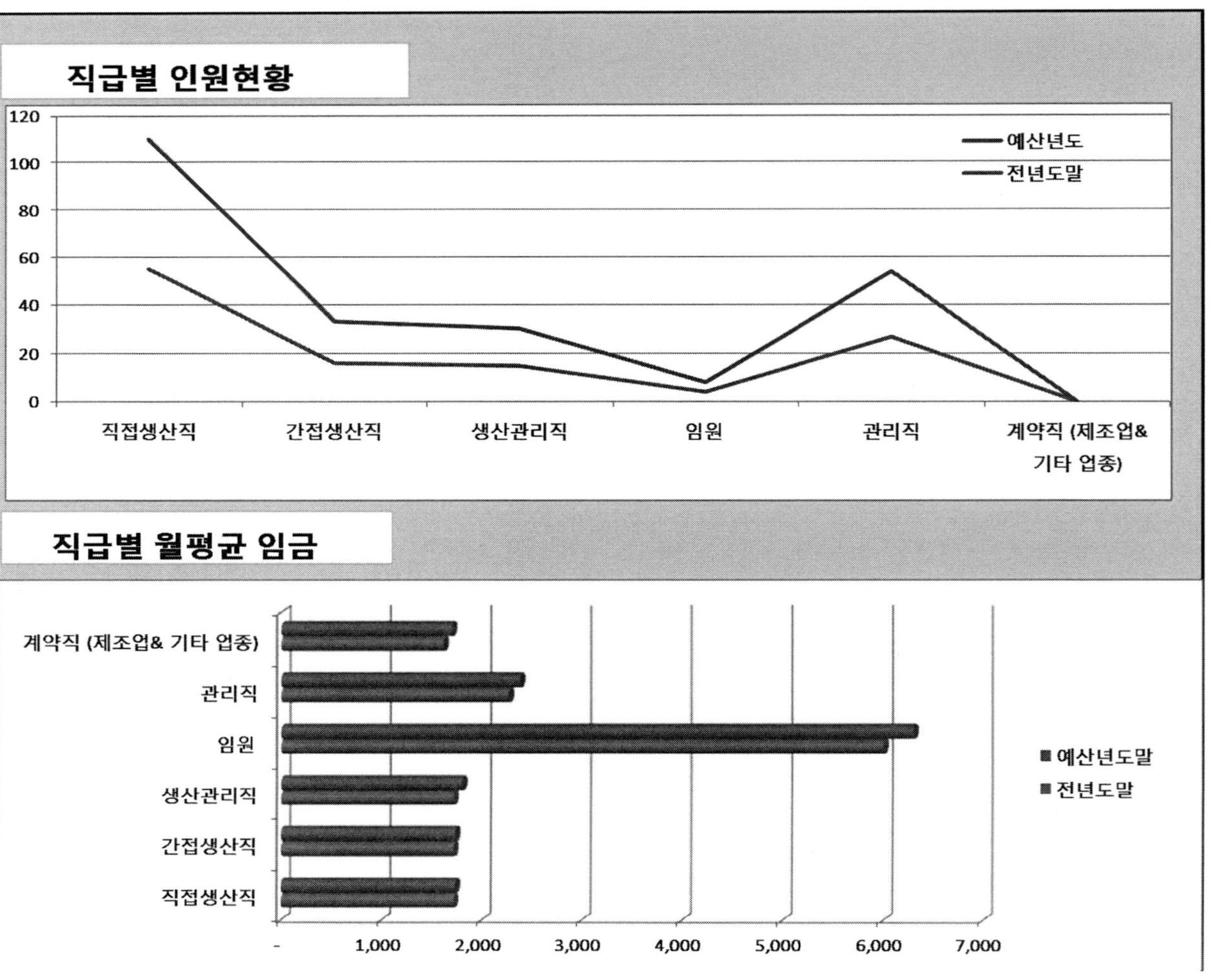

직급별 월평균 임금

투자 예산

투자 예산
500,000
800,000
2,500,000
토지
건물
구축물
기계 장치
공기구 와 비품
전산 장비
차량운반구
건설 가계정
영업권. 특허권 및 무형자산
임차 보증금

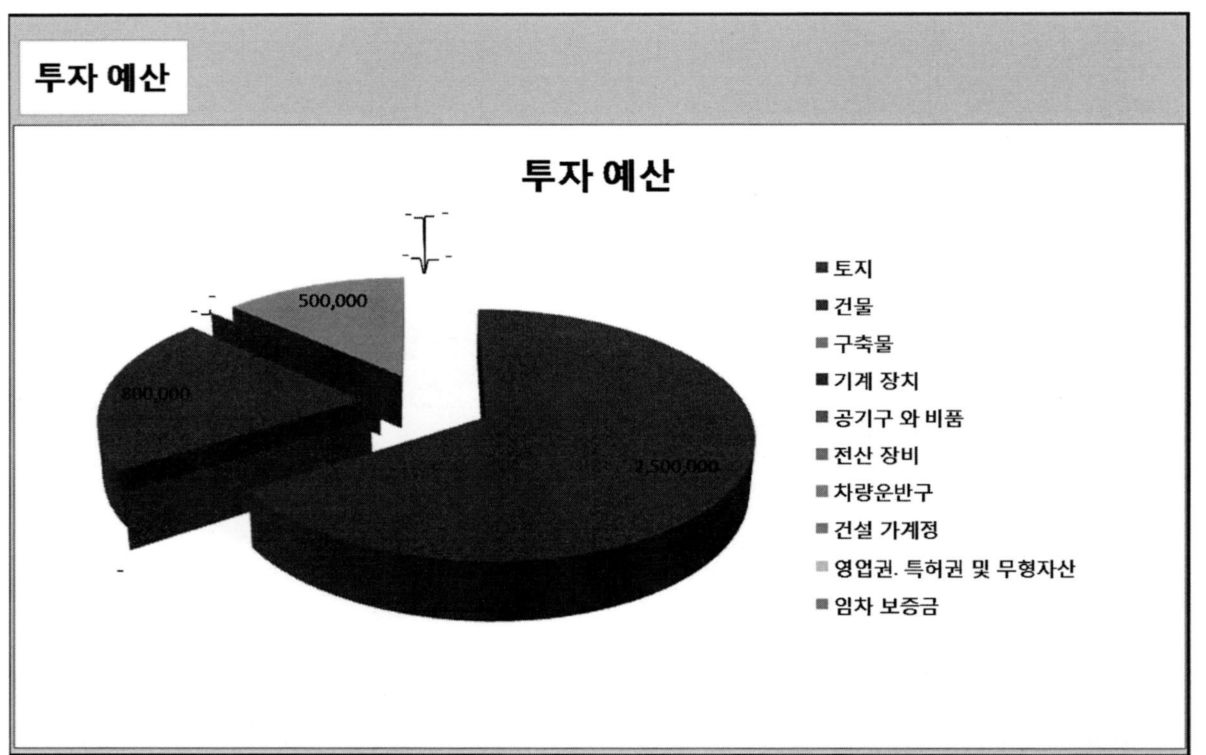

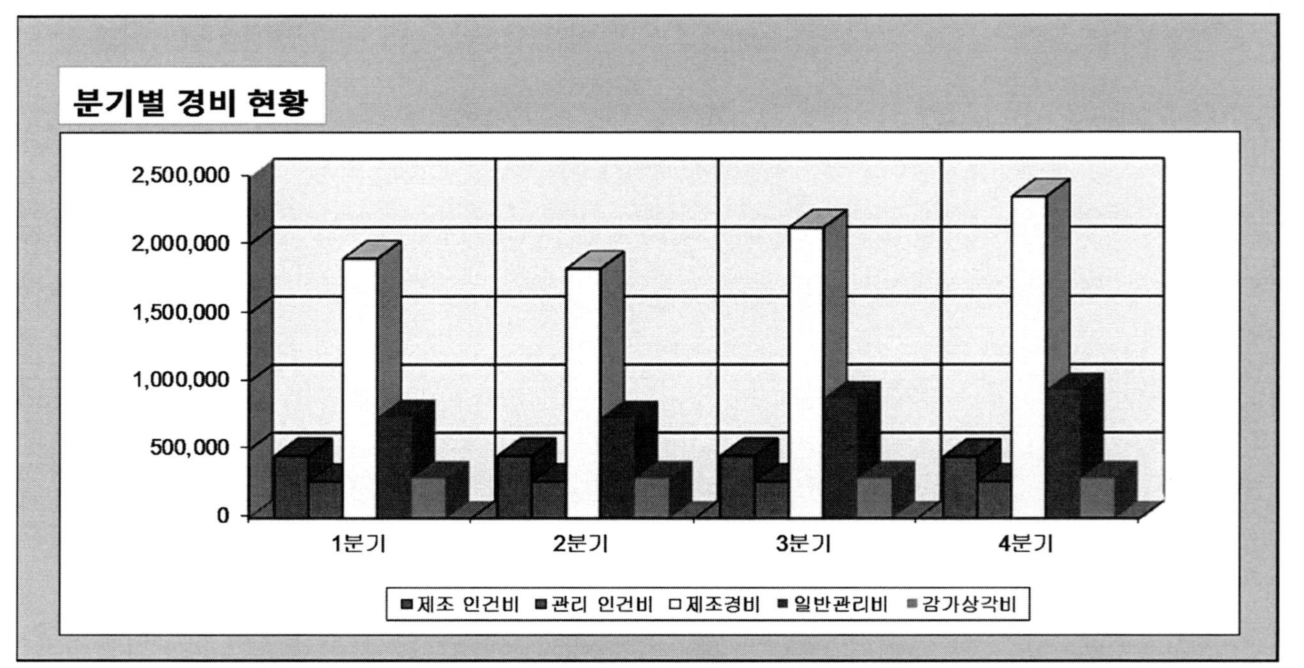

분기별 경비 현황
2,500,000
2,000,000
1,500,000
1,000,000
500,000
0
1분기
2분기
3분기
4분기
■제조 인건비　■관리 인건비　□제조경비　■일반관리비　■감가상각비

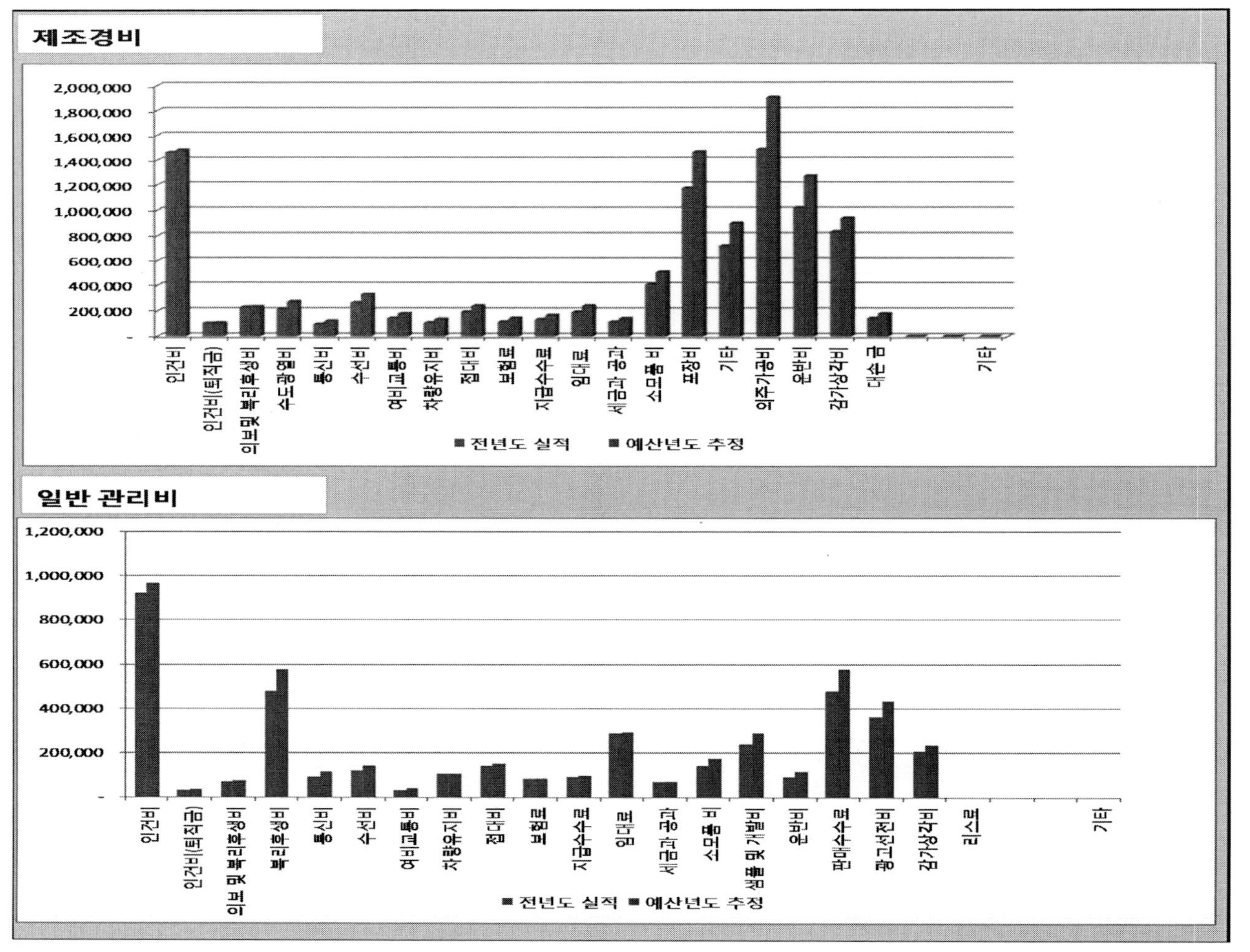
제조경비
전년도 실적
예산년도 추정
일반 관리비
전년도 실적
예산년도 추정

부서별 경비예산

부서별 제조원가예산
8,000,000
7,000,000
6,000,000
5,000,000
4,000,000
3,000,000
2,000,000
1,000,000
-
기획부
생산관리부
품질부
기술부
개발부
제조부
기타부서
부서별 일반경비 예산안
4,000,000
3,500,000
3,000,000
2,500,000
2,000,000
1,500,000
1,000,000
500,000
-
기획부
경리부
영업부
구매부
총무부
전산부
기타부서

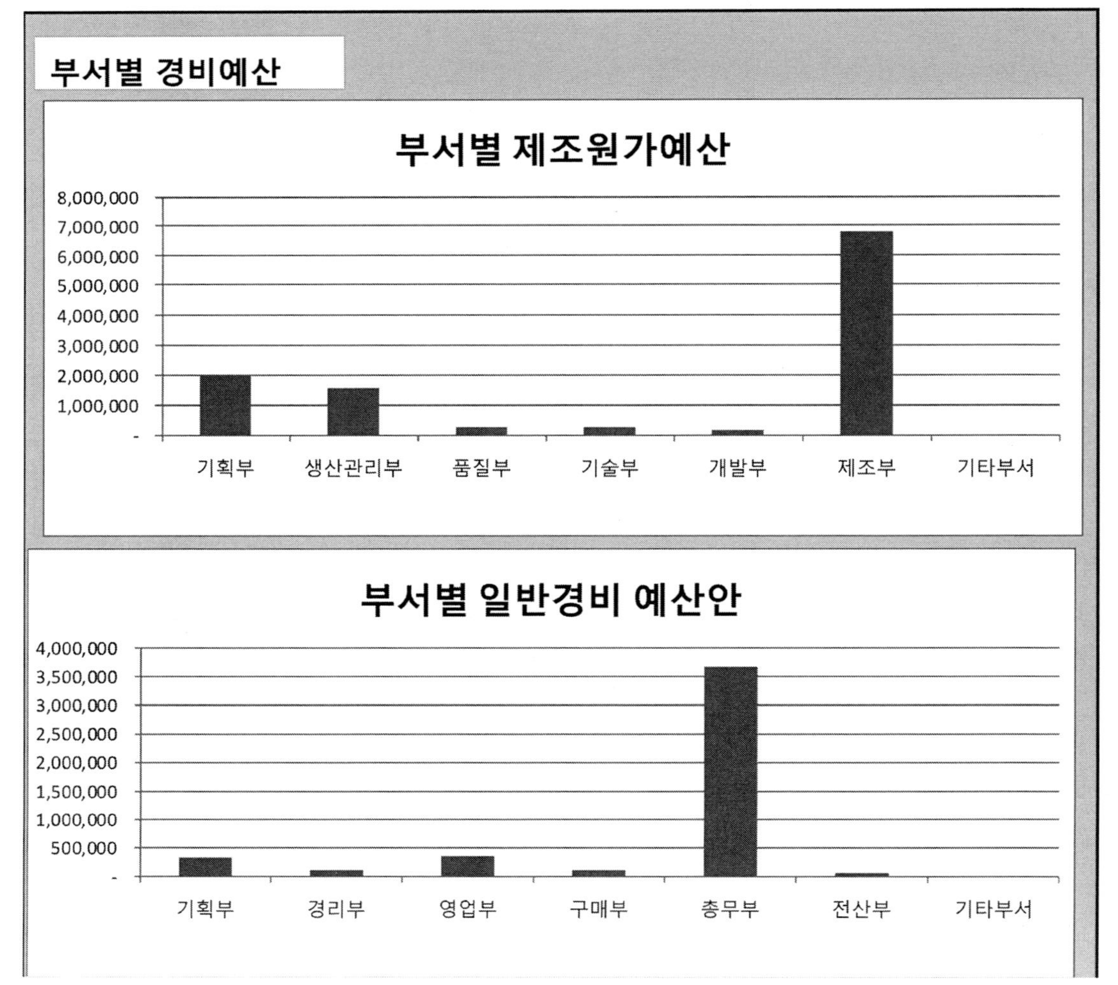

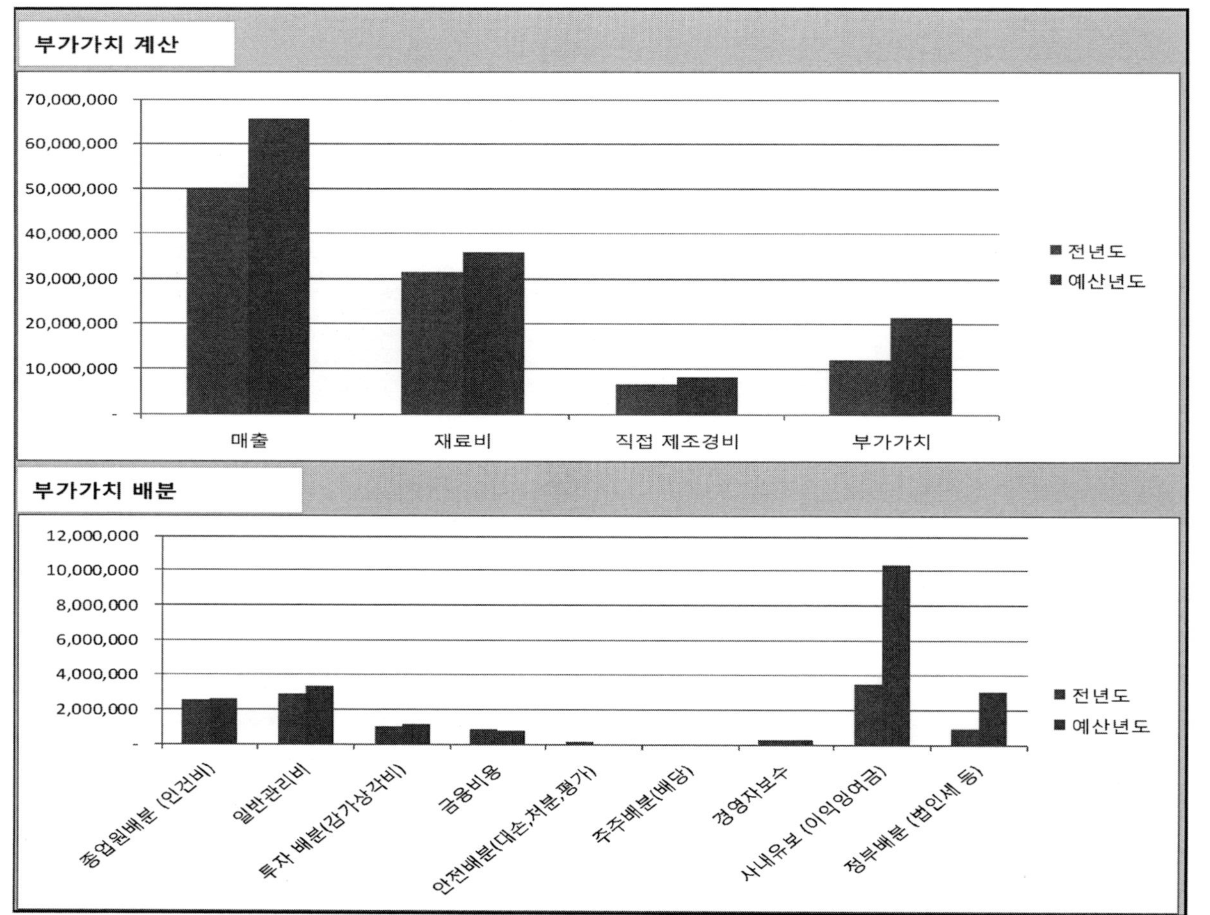

부가가치 계산
70,000,000
60,000,000
50,000,000
40,000,000
30,000,000
20,000,000
10,000,000
-
전년도
예산년도
매출
재료비
직접 제조경비
부가가치
부가가치 배분
12,000,000
10,000,000
8,000,000
6,000,000
4,000,000
2,000,000
-
전년도
예산년도
종업원배분 (인건비)
일반관리비
투자 배분(감가상각비)
금융비용
안전배분(대손,처분,평가)
주주배분(배당)
경영자보수
사내유보 (이익잉여금)
정부배분 (법인세 등)

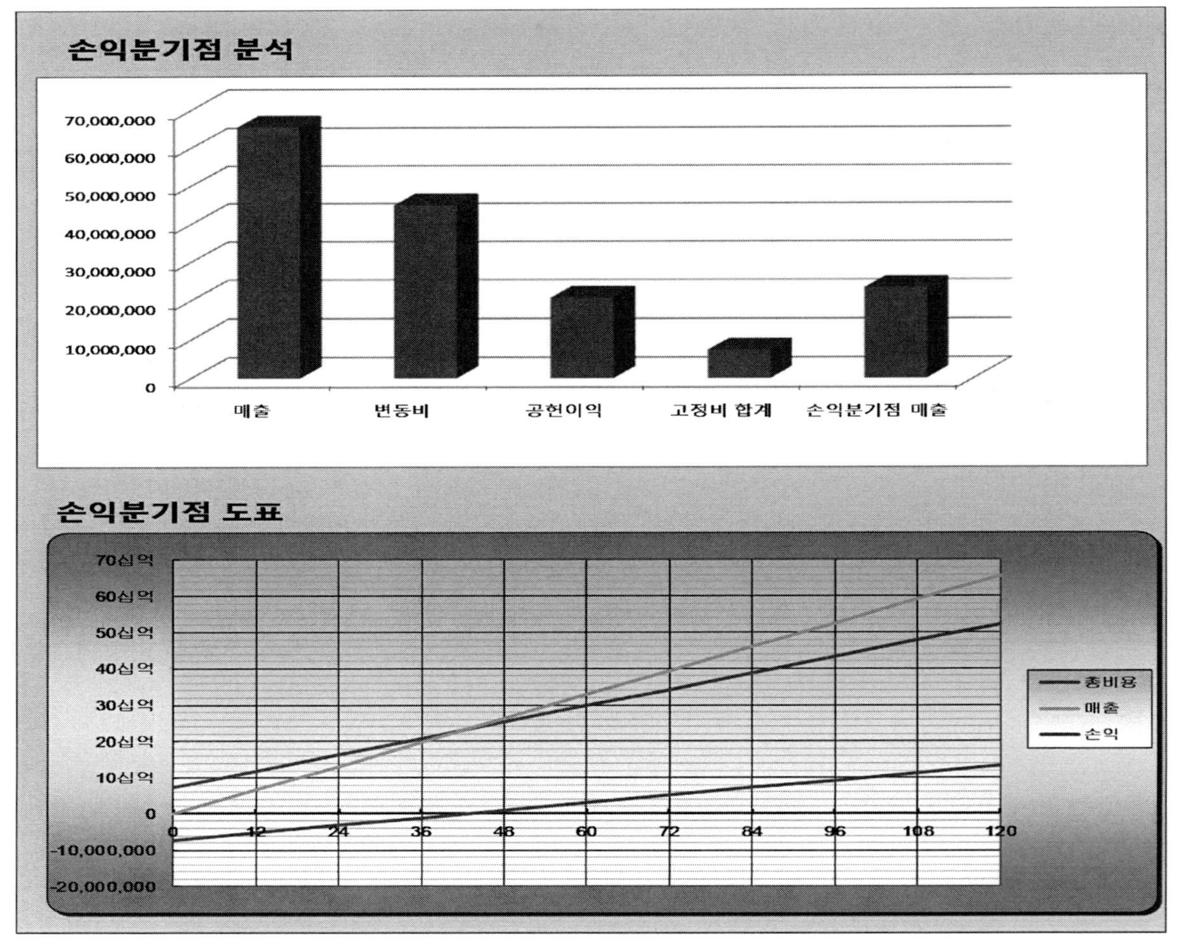
손익분기점 분석
70,000,000
60,000,000
50,000,000
40,000,000
30,000,000
20,000,000
10,000,000
0
매출
변동비
공헌이익
고정비 합계
손익분기점 매출
손익분기점 도표
70십억
60십억
50십억
40십억
30십억
20십억
10십억
0
-10,000,000
-20,000,000
0
12
24
36
48
60
72
84
96
108
120
총비용
매출
손익

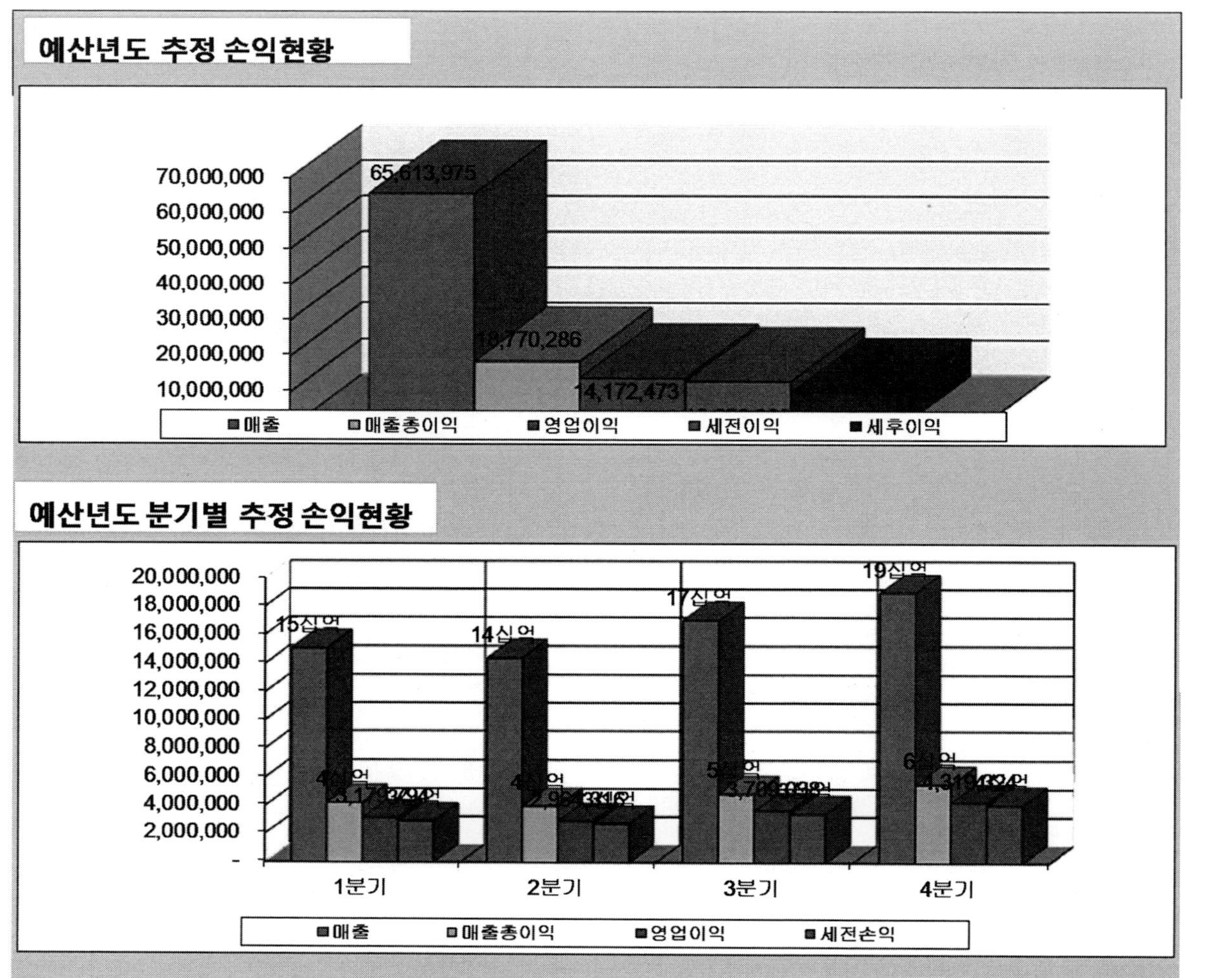
예산년도 추정 손익현황
70,000,000
60,000,000
50,000,000
40,000,000
30,000,000
20,000,000
10,000,000
65,613,975
18,770,286
14,172,473
■매출 □매출총이익 ■영업이익 ■세전이익 ■세후이익
예산년도 분기별 추정 손익현황
20,000,000
18,000,000
16,000,000
14,000,000
12,000,000
10,000,000
8,000,000
6,000,000
4,000,000
2,000,000
-
15십억
14십억
17십억
19십억
1분기 2분기 3분기 4분기
■매출 □매출총이익 ■영업이익 ■세전손익

분기별 예산 손익분석

	분기평균		최대 분기예산		차이
	천원	%	천원	%	천원
매출	16,403,494	100.0%	19,028,053	100.0%	2,624,559
매출원가	11,710,922	71.4%	13,442,854	70.6%	1,731,931
매출총이익	4,692,572	28.6%	5,585,199	29.4%	892,628
일반관리비	1,149,453	7.0%	1,265,875	6.7%	116,422
영업이익	3,543,118	21.6%	4,319,324	22.7%	776,206
세후이익	2,587,897	15.8%	3,204,323	16.8%	616,425

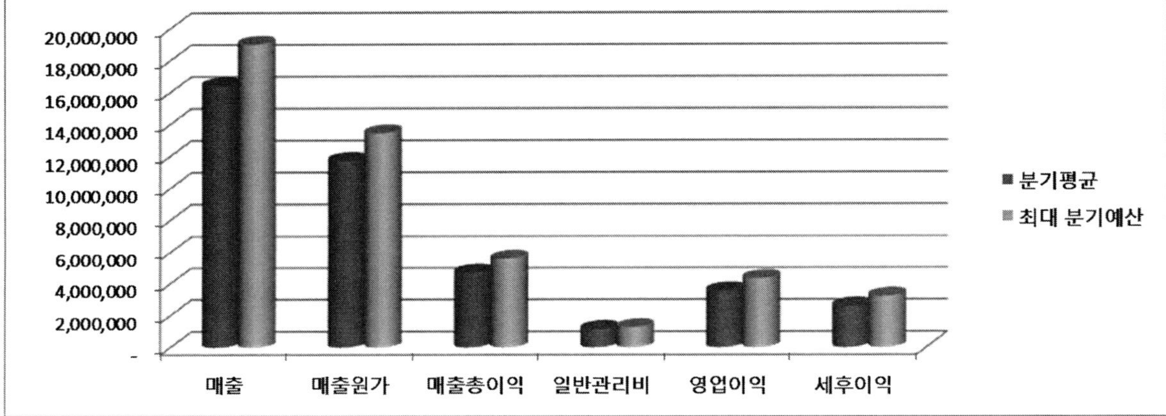

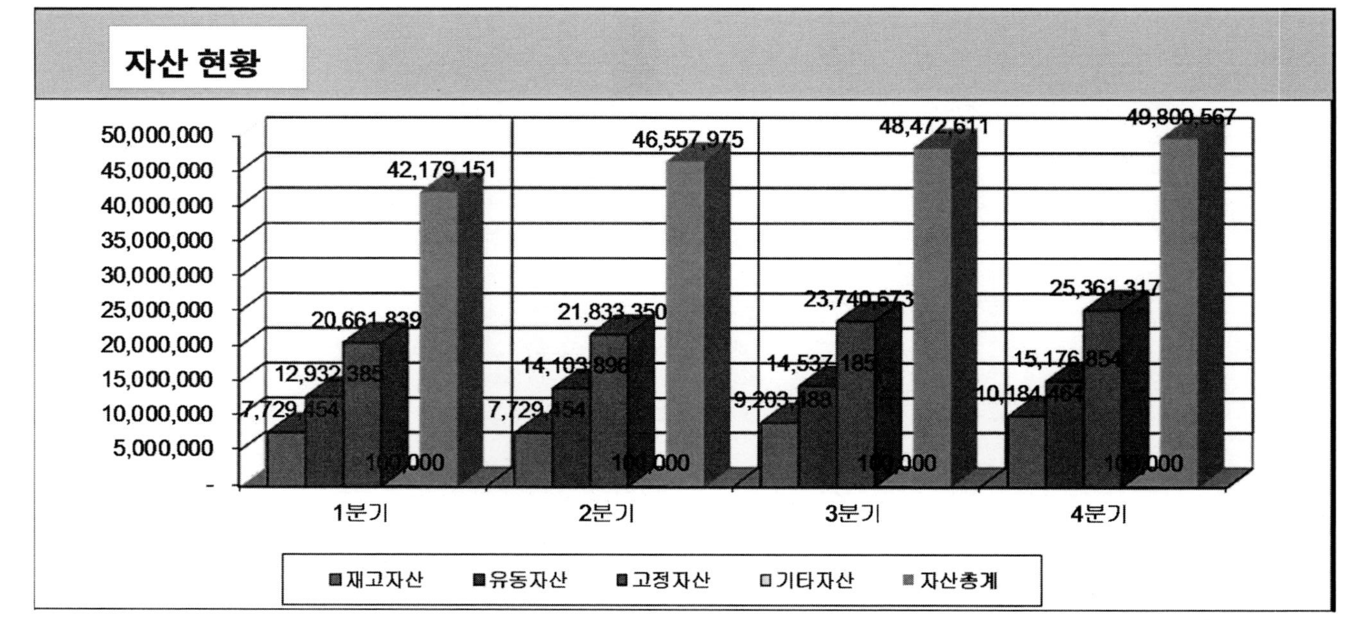

자산 현황
50,000,000
45,000,000
40,000,000
35,000,000
30,000,000
25,000,000
20,000,000
15,000,000
10,000,000
5,000,000
-
1분기
2분기
3분기
4분기
7,729,454
12,932,385
20,661,839
100,000
42,179,151
7,729,454
14,103,896
21,833,350
100,000
46,557,975
9,203,488
14,537,185
23,740,673
100,000
48,472,611
10,184,464
15,176,854
25,361,317
100,000
49,800,567
■재고자산
■유동자산
■고정자산
□기타자산
■자산총계

부채와 자본 현황

50십억
45십억
40십억
35십억
30십억
25십억
20십억
15십억
10십억
5십억
0
1분기
2분기
3분기
4분기
16,634,970
11,969,054
42,179,151
16 14,123,270
46,557,975
16 16,835,419
48,472,611
16,739,881
20,039,741
49,800,568
유동부채
고정부채
자본
부채와 자본총계

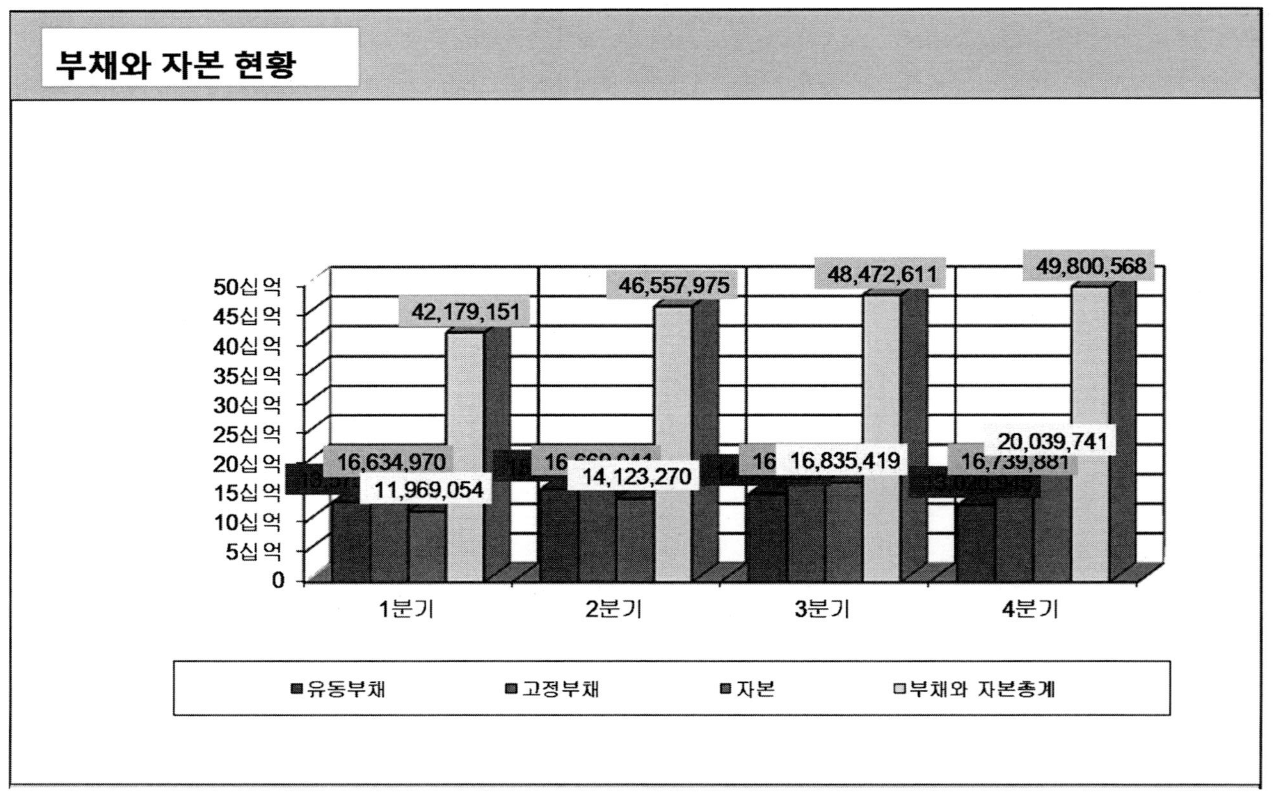

순 (잉여) 현금흐름

순 (잉여) 현금흐름
4,500,000
4,000,000
3,500,000
3,000,000
2,500,000
2,000,000
1,500,000
1,000,000
500,000
-
4,415,221
1,171,511
433,289
639,668
1분기
2분기
3분기
4분기
순 (잉여) 현금흐름

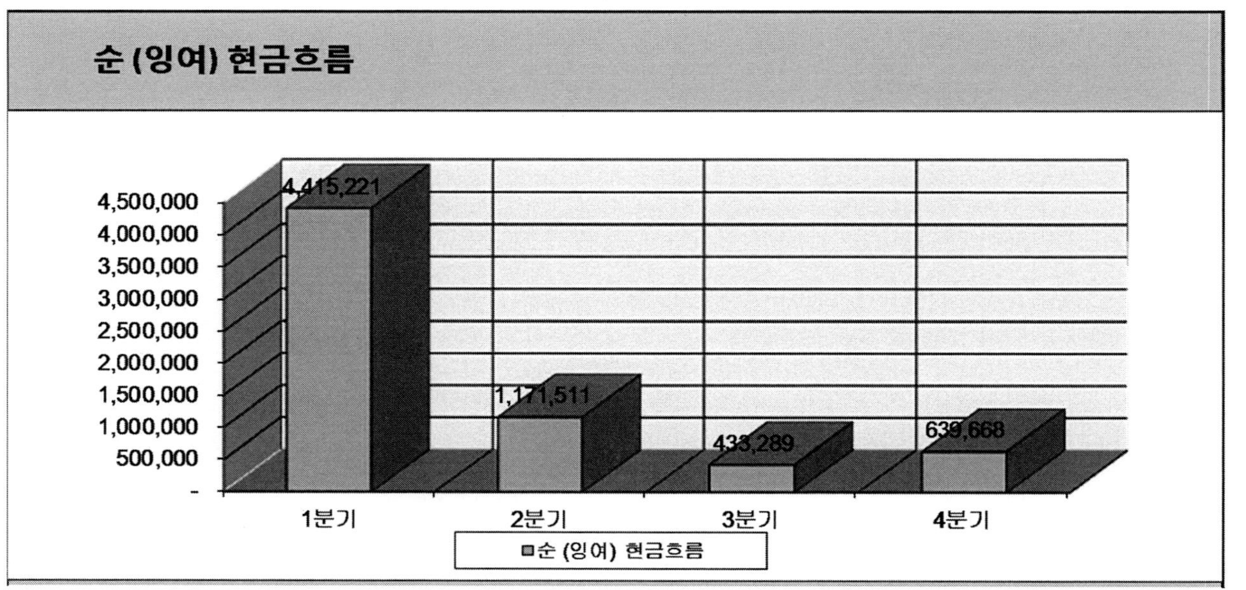

운영자금 소요액 도표

5,000,000
4,000,000
3,000,000
2,000,000
1,000,000
-
(1,000,000)
(2,000,000)
(3,000,000)
(4,000,000)
(5,000,000)
1분기
2분기
3분기
4분기

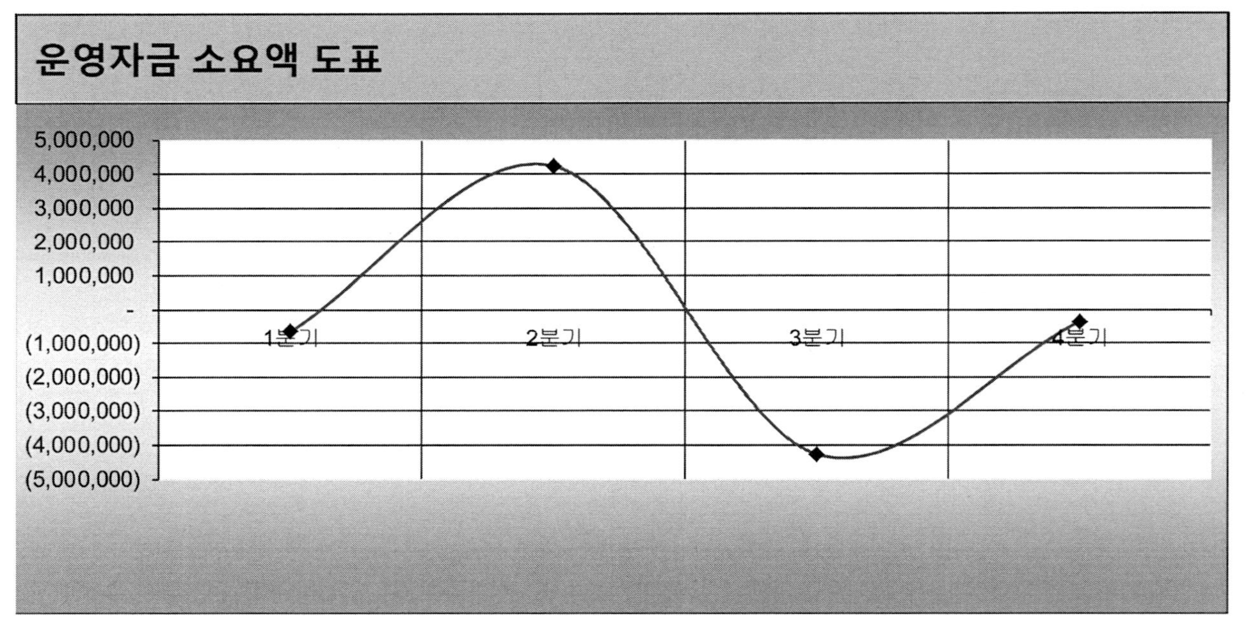

회전율 도표

소요기간 (일수)
60
50
40
30
20
10
-
원자재 보유기간
재공품 보유기간
제품 보유기간
매출채권 회수기간
매입채무 지급기간
운영자금 지급기간
■ 예산년도

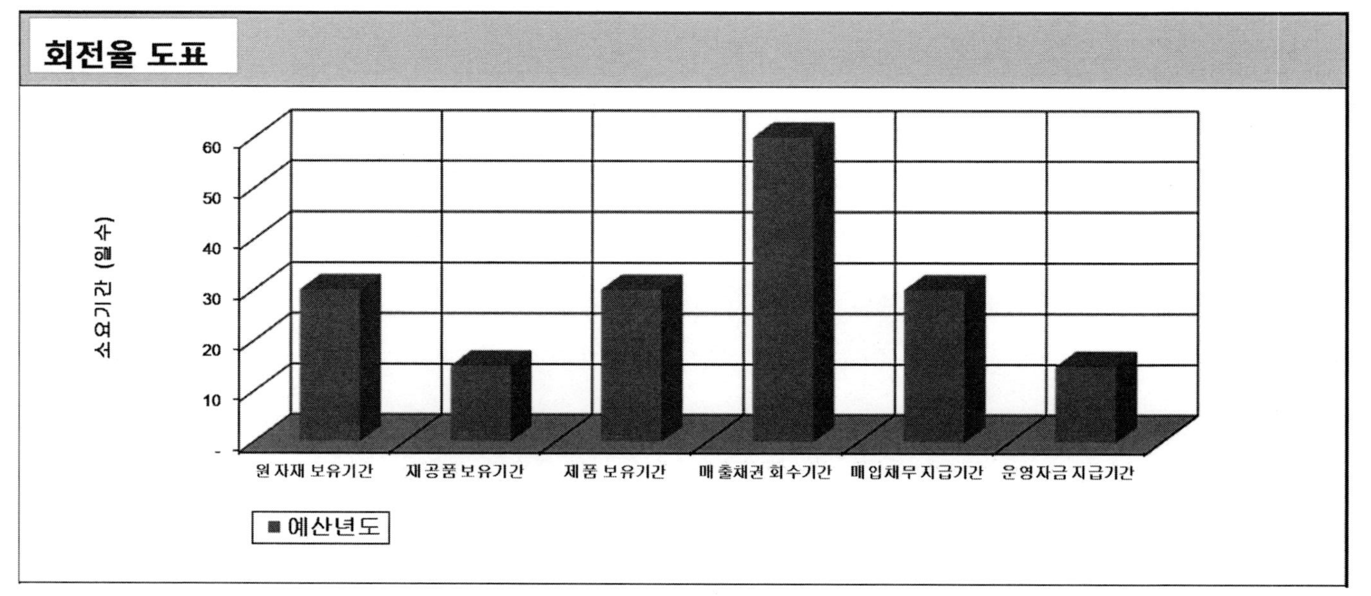

경영비율 분석 차트

600.0%
500.0%
400.0%
300.0%
200.0%
100.0%
0.0%
부가가치율
매출채권회전율
유동비율
영업이익율
매출액증가율
경영비율 분석

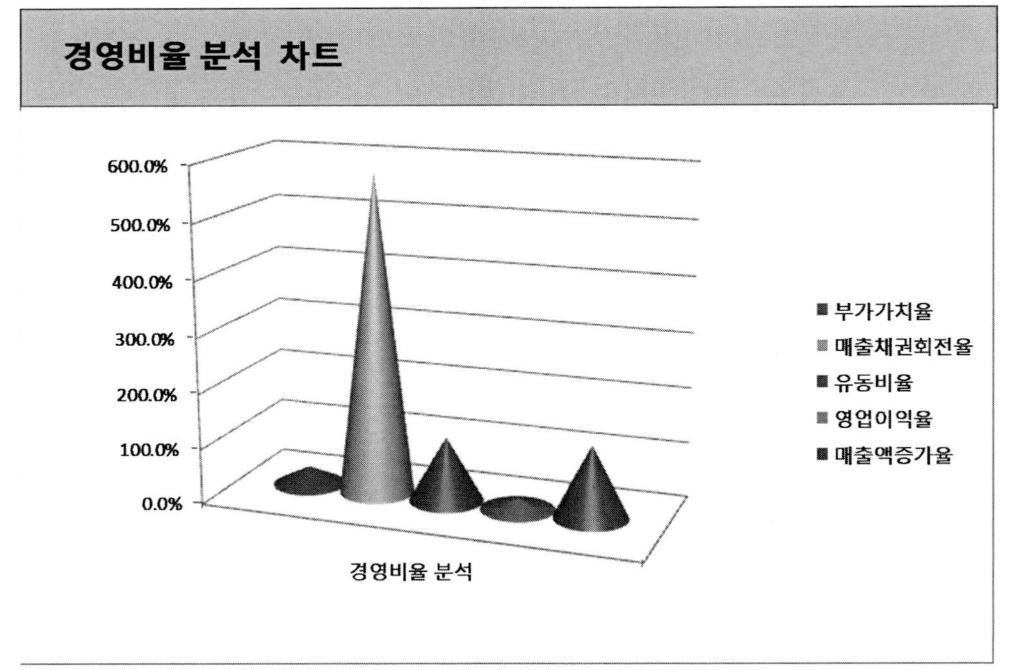

전년도 대비 수익성 비교차트

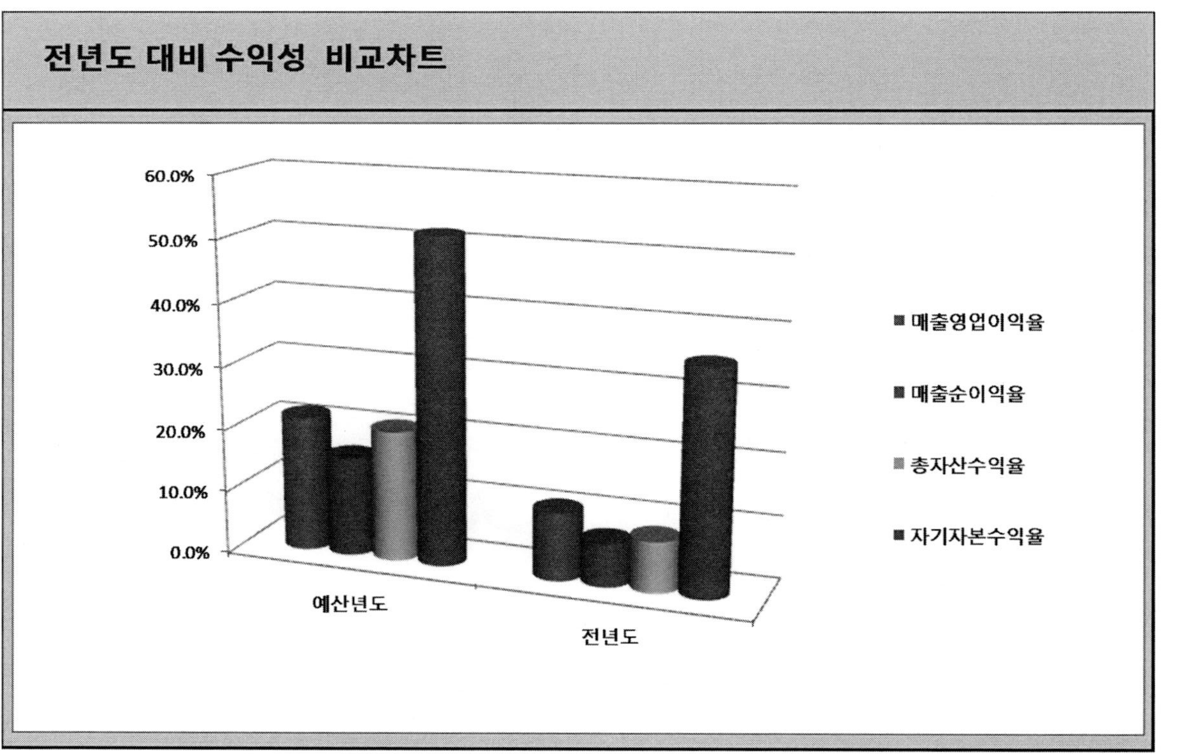

위험 시나리오 1

	예산	15% 매출감소
매출	65,613,975	55,771,879
매출원가	51,441,502	44,529,014
영업이익	14,172,473	11,242,865
세후손익	10,351,589	8,081,144

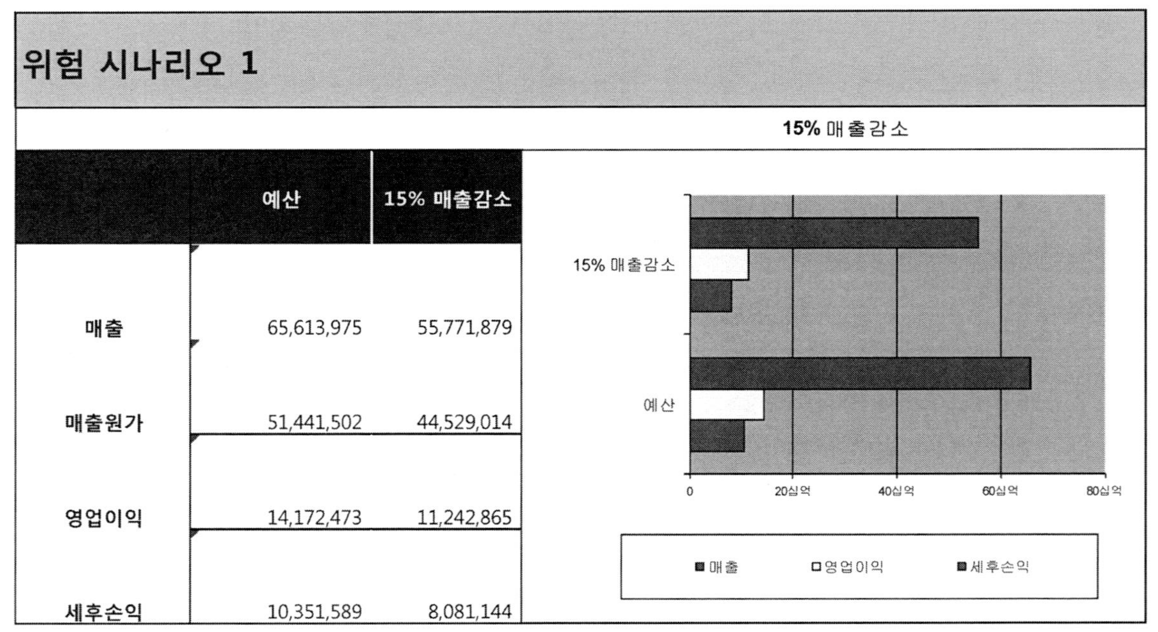

위험 시나리오 2

	예산	20% 인건비상승
매출	65,613,975	65,613,975
매출원가	51,441,502	52,020,596
영업이익	14,172,473	13,593,379
세후손익	10,351,589	9,902,792

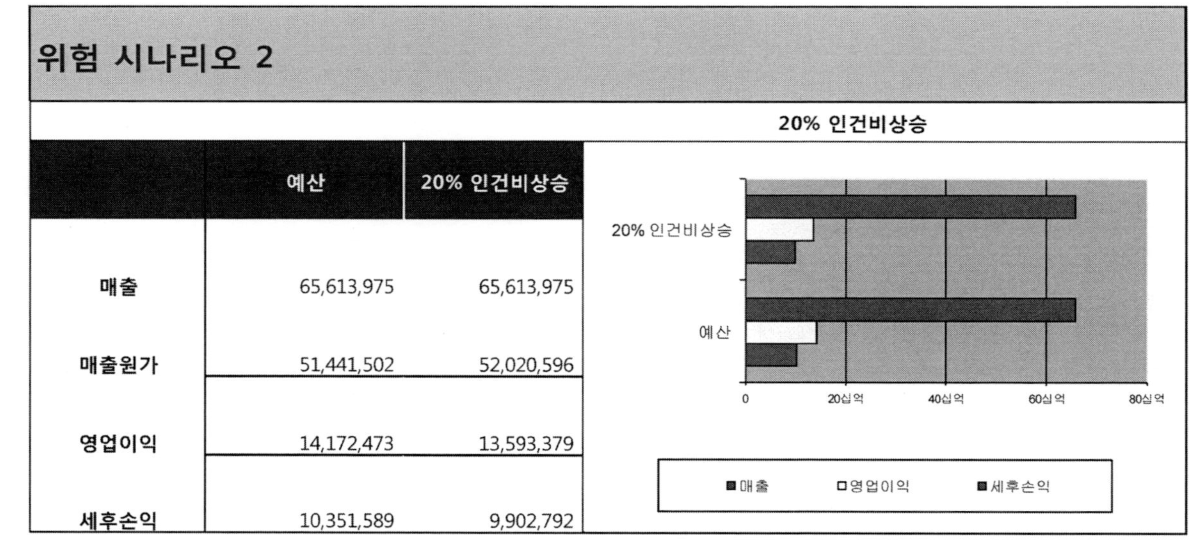

기획 시나리오 1

15% 매출증가

	예산	15% 매출증가
매출	65,613,975	75,456,071
매출원가	51,441,502	58,353,992
영업이익	14,172,473	17,102,079
세후손익	10,351,589	12,622,034

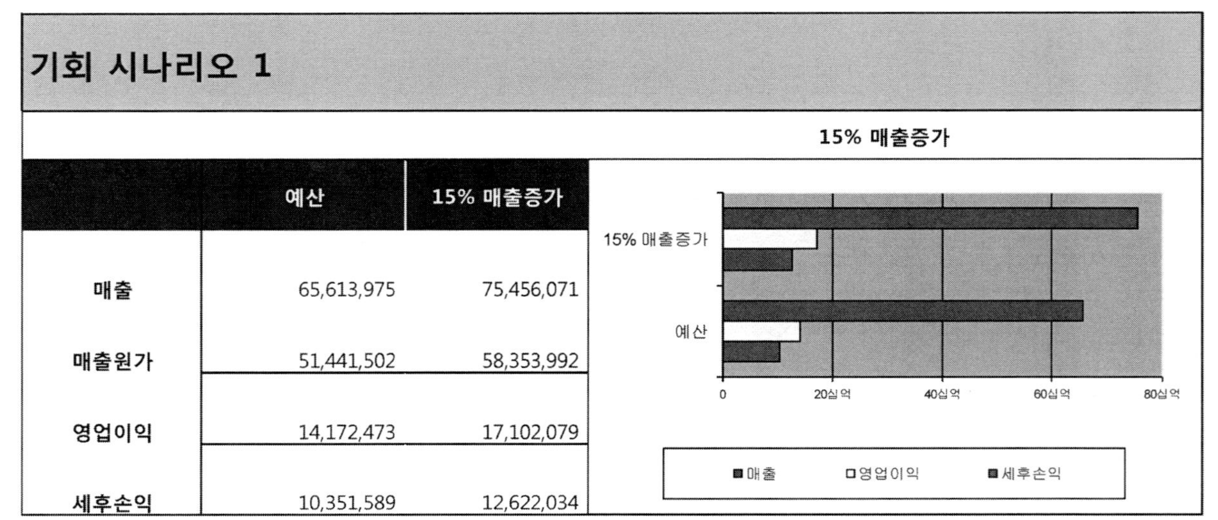

기획 시나리오 2

	예산	20% 인건비절감
매출	65,613,975	65,613,975
매출원가	51,441,502	50,862,410
영업이익	14,172,473	14,751,565
세후손익	10,351,589	10,800,386

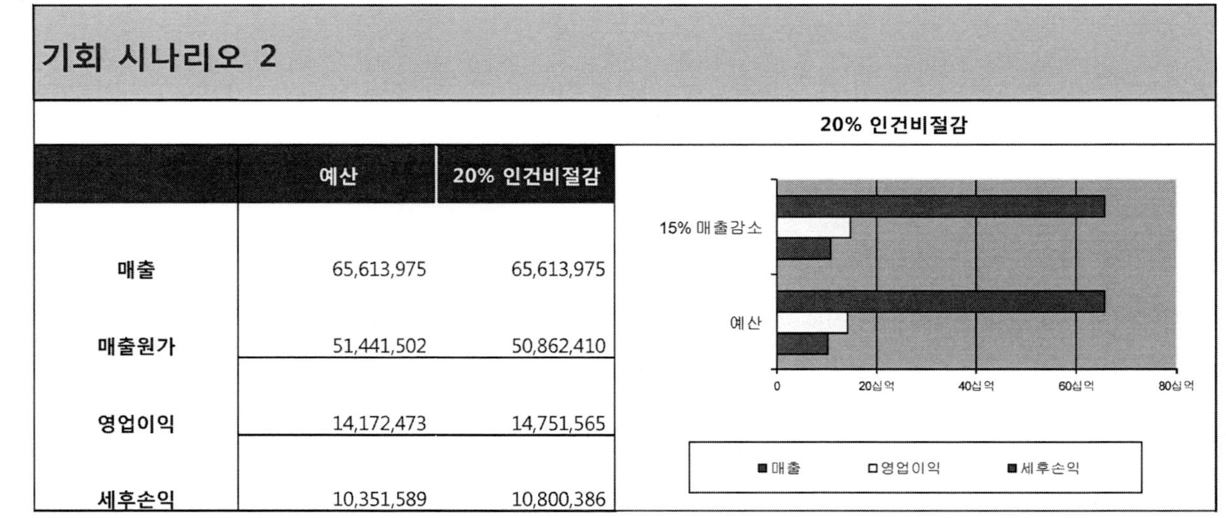

환율 시나리오 1

	예산	25% 환율상승
매출	65,613,975	69,714,848
매출원가	51,441,502	54,133,054
영업이익	14,172,473	15,581,795
세후손익	10,351,589	11,443,814

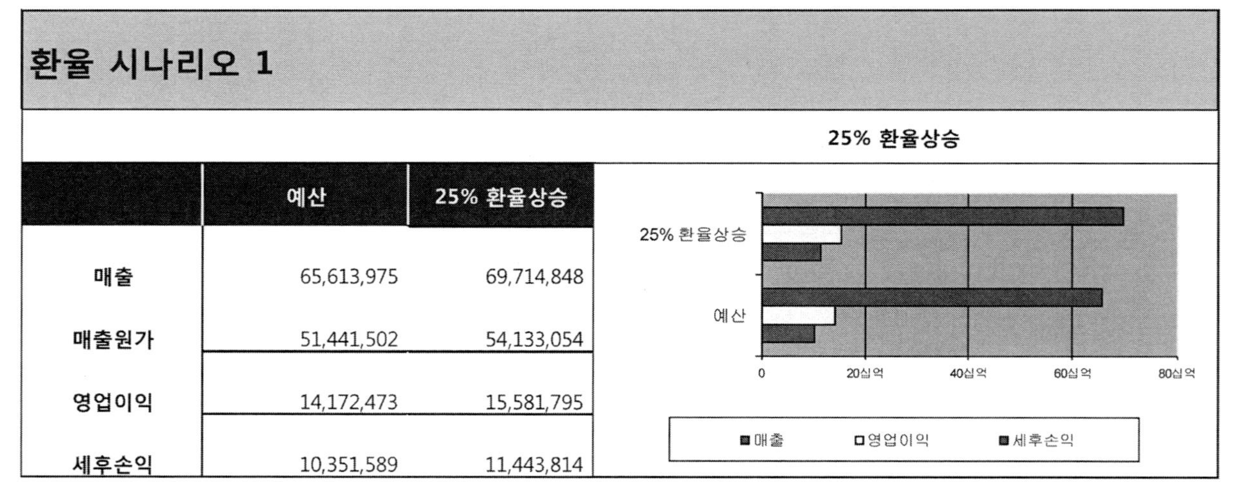

환율 시나리오 2

	예산	25% 환율화락
매출	65,613,975	61,513,102
매출원가	51,441,502	48,749,952
영업이익	14,172,473	12,763,149
세후손익	10,351,589	9,259,364

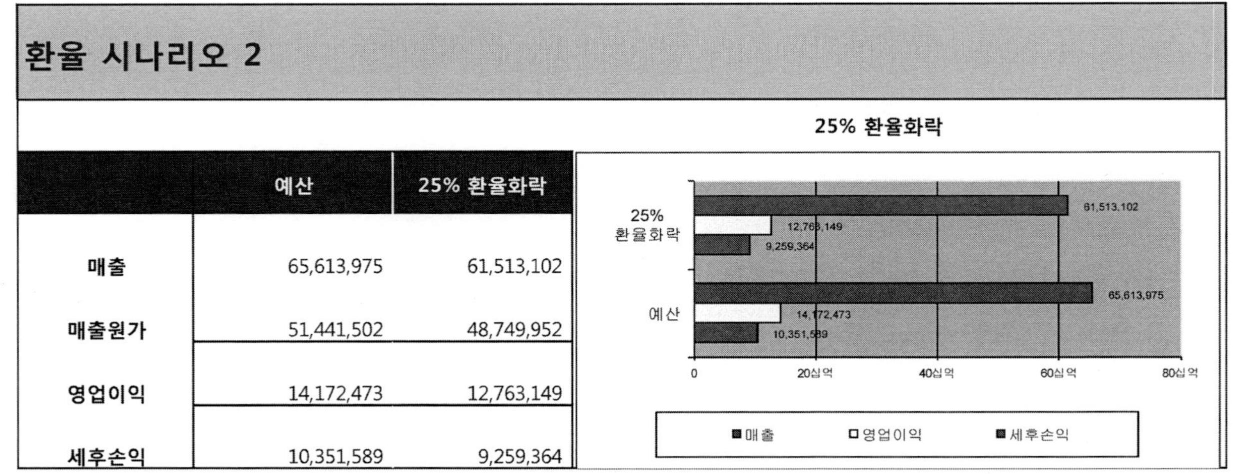

예산관리와 예측경영 시스템
(Rolling Forecast System)

기본자료를 입력하세요

1 판매 예산과 실적 차이 분석(Sales Variance Analysis)
2 비용 예산과 실적 차이 분석표(Overhead Cost Analysis)
3 예산과 실적+추정 차이 분석(Bridge)
4 사전예측관리 보고서(Rolling Forecast)-월 /분기
5 추정 손익계산서(Update PL)
6 추정 투자예산(Update CAPEX)
7 추정 제품별 손익계산서
8 손익개선 중점관리 보고서 (Recovery Plan)/ 계획과의 차이

본 시스템은 월별 혹은 분기별로 당기의 실적을 마감 후 입력하고 변동된 미래추정을 반영하면 가장 현실에 근접한 회계 년도의 재무제표와 분석자료를 산출합니다. 당기 실적분석과 회계연도의 잔여기간 까지의 변화된 손익과 매출을 하고 예산 대비 어디에서 어떠한 요인으로 변하였는가를 알 수 있습니다. 목표달성을 위한 경영자와 임직원의 의지를 손익개선계획 (Action Plan)에 담아 매월 혹은 분기별로 추적 관리함으로써 목표달성을 용이하게 지원합니다. . 본 시스템은 전략경영의 툴로서 월별 혹은 분기별 예측경영 (Rolling Forecast) 을 토대로 하여 작성된 선진 경영기법 중의 하나입니다.

예산 작성 시스템(Budget Builder) 으로 이동

PW   성5781H

명성산업(주)

2014년도 분기별 매출 차이분석 (예산 VS. (실적 + 추정))

2014 년도 매출차이분석 — 실적+추정 / 분기 1~3

CODE	제품명	예산단가	수량	매출	1 수량차이 금액	1 실적차이 수량	1 실적차이 매출	2 수량차이 금액	2 실적차이 수량	2 실적차이 매출	3 수량차이 금액	3 실적차이 수량	3 실적차이 매출
1	2차전지	220,000	1	(996,840)	-	-	-	-	-	-	468,160	2	(996,840)
2	디스플레이	100,000	(4)	-	(144,000)	(1)	-	-	-	-	-	-	-
3	고굴절률 소재	78,750	(17)	-	(233,100)	(3)	-	(311,850)	(4)	-	-	-	-
4	촉매	11,000	(75)	-	-	-	-	(143,308)	(13)	-	(184,520)	(17)	-
5		-	-	-	-	-	-	-	-	-	-	-	-
6		-	-	-	-	-	-	-	-	-	-	-	-
7		-	-	-	-	-	-	-	-	-	-	-	-
8		-	-	-	-	-	-	-	-	-	-	-	-
9		-	-	-	-	-	-	-	-	-	-	-	-
10		-	-	-	-	-	-	-	-	-	-	-	-
11		-	-	-	-	-	-	-	-	-	-	-	-
12		-	-	-	-	-	-	-	-	-	-	-	-
13		-	-	-	-	-	-	-	-	-	-	-	-
14		-	-	-	-	-	-	-	-	-	-	-	-
15		-	-	-	-	-	-	-	-	-	-	-	-
16		-	-	-	-	-	-	-	-	-	-	-	-
17		-	-	-	-	-	-	-	-	-	-	-	-
18		-	-	-	-	-	-	-	-	-	-	-	-
19		-	-	-	-	-	-	-	-	-	-	-	-
20		-	-	-	-	-	-	-	-	-	-	-	-
21		-	-	-	-	-	-	-	-	-	-	-	-
22		-	-	-	-	-	-	-	-	-	-	-	-
23		-	-	-	-	-	-	-	-	-	-	-	-
24		-	-	-	-	-	-	-	-	-	-	-	-
25		-	-	-	-	-	-	-	-	-	-	-	-
26		-	-	-	-	-	-	-	-	-	-	-	-
27		-	-	-	-	-	-	-	-	-	-	-	-
28		-	-	-	-	-	-	-	-	-	-	-	-
29		-	-	-	-	-	-	-	-	-	-	-	-
30		-	-	-	-	-	-	-	-	-	-	-	-
	양산품 계	10,567	(94)	(996,840)	(377,100)	(4)	-	(455,158)	(17)	-	283,641	(15)	(996,840)
31	기타제품	-	3,000	40,000	-	3,000	40,000	-	-	-	-	-	-
	매출 합계		2,906	(956,840)	(377,100)	2,996	40,000	(455,158)	(17)	-	283,641	(15)	(996,840)
	단가차이	1,393,293			417,100			455,158			(1,280,481)		

단가차이 (실적+추정): (2,350,133) / - / (2,350,133)

분기 4~7

CODE	제품명	4 수량차이 금액	4 실적차이 수량	4 실적차이 매출	5 수량차이 금액	5 실적차이 수량	5 실적차이 매출	6 수량차이 금액	6 실적차이 수량	6 실적차이 매출	7 수량차이 금액	7 실적차이 수량	7 실적차이 매출
1	2차전지	(191,840)	(1)	-	-	-	-	-	-	-	-	-	-
2	디스플레이	(151,000)	(2)	-	-	-	-	-	-	-	-	-	-
3	고굴절률 소재	(194,119)	(2)	-	(233,100)	(3)	-	(194,119)	(2)	-	(154,350)	(2)	-
4	촉매	-	-	-	(319,308)	(29)	-	(173,520)	(16)	-	-	-	-
5		-	-	-	-	-	-	-	-	-	-	-	-
6		-	-	-	-	-	-	-	-	-	-	-	-
7		-	-	-	-	-	-	-	-	-	-	-	-
8		-	-	-	-	-	-	-	-	-	-	-	-
9		-	-	-	-	-	-	-	-	-	-	-	-
10		-	-	-	-	-	-	-	-	-	-	-	-
11		-	-	-	-	-	-	-	-	-	-	-	-
12		-	-	-	-	-	-	-	-	-	-	-	-
13		-	-	-	-	-	-	-	-	-	-	-	-
14		-	-	-	-	-	-	-	-	-	-	-	-
15		-	-	-	-	-	-	-	-	-	-	-	-
16		-	-	-	-	-	-	-	-	-	-	-	-
17		-	-	-	-	-	-	-	-	-	-	-	-
18		-	-	-	-	-	-	-	-	-	-	-	-
19		-	-	-	-	-	-	-	-	-	-	-	-
20		-	-	-	-	-	-	-	-	-	-	-	-
21		-	-	-	-	-	-	-	-	-	-	-	-
22		-	-	-	-	-	-	-	-	-	-	-	-
23		-	-	-	-	-	-	-	-	-	-	-	-
24		-	-	-	-	-	-	-	-	-	-	-	-
25		-	-	-	-	-	-	-	-	-	-	-	-
26		-	-	-	-	-	-	-	-	-	-	-	-
27		-	-	-	-	-	-	-	-	-	-	-	-
28		-	-	-	-	-	-	-	-	-	-	-	-
29		-	-	-	-	-	-	-	-	-	-	-	-
30		-	-	-	-	-	-	-	-	-	-	-	-
	양산품 계	(536,959)	(5)	-	(552,408)	(32)	-	(367,638)	(18)	-	(154,350)	(2)	-
31	기타제품	-	-	-	-	-	-	-	-	-	-	-	-
	매출 합계	(536,959)	(5)	-	(552,408)	(32)	-	(367,638)	(18)	-	(154,350)	(2)	-
	단가차이	536,959			552,408			367,638			154,350		

분기 8~12

CODE	제품명	8 수량차이 금액	8 추정차이 수량	8 추정차이 매출	9 수량차이 금액	9 추정차이 수량	9 추정차이 매출	10 수량차이 금액	10 추정차이 수량	10 추정차이 매출	11 수량차이 금액	11 추정차이 수량	11 추정차이 매출	12 수량차이 금액	12 추정차이 수량	12 추정차이 매출
1	2차전지	-	-	-	(58,080)	(0)	-	(58,080)	(0.3)	-	-	-	-	-	-	-
2	디스플레이	(37,000)	(0)	-	(37,000)	(0)	-	-	-	-	-	-	-	-	-	-
3	고굴절률 소재	-	-	-	-	-	-	-	-	-	-	-	-	-	-	-
4	촉매	-	-	-	-	-	-	-	-	-	-	-	-	-	-	-
5		-	-	-	-	-	-	-	-	-	-	-	-	-	-	-
6		-	-	-	-	-	-	-	-	-	-	-	-	-	-	-
7		-	-	-	-	-	-	-	-	-	-	-	-	-	-	-
8		-	-	-	-	-	-	-	-	-	-	-	-	-	-	-
9		-	-	-	-	-	-	-	-	-	-	-	-	-	-	-
10		-	-	-	-	-	-	-	-	-	-	-	-	-	-	-
11		-	-	-	-	-	-	-	-	-	-	-	-	-	-	-
12		-	-	-	-	-	-	-	-	-	-	-	-	-	-	-
13		-	-	-	-	-	-	-	-	-	-	-	-	-	-	-
14		-	-	-	-	-	-	-	-	-	-	-	-	-	-	-
15		-	-	-	-	-	-	-	-	-	-	-	-	-	-	-
16		-	-	-	-	-	-	-	-	-	-	-	-	-	-	-
17		-	-	-	-	-	-	-	-	-	-	-	-	-	-	-
18		-	-	-	-	-	-	-	-	-	-	-	-	-	-	-
19		-	-	-	-	-	-	-	-	-	-	-	-	-	-	-
20		-	-	-	-	-	-	-	-	-	-	-	-	-	-	-
21		-	-	-	-	-	-	-	-	-	-	-	-	-	-	-
22		-	-	-	-	-	-	-	-	-	-	-	-	-	-	-
23		-	-	-	-	-	-	-	-	-	-	-	-	-	-	-
24		-	-	-	-	-	-	-	-	-	-	-	-	-	-	-
25		-	-	-	-	-	-	-	-	-	-	-	-	-	-	-
26		-	-	-	-	-	-	-	-	-	-	-	-	-	-	-
27		-	-	-	-	-	-	-	-	-	-	-	-	-	-	-
28		-	-	-	-	-	-	-	-	-	-	-	-	-	-	-
29		-	-	-	-	-	-	-	-	-	-	-	-	-	-	-
30		-	-	-	-	-	-	-	-	-	-	-	-	-	-	-
	양산품 계	(37,000)	(0)	-	(95,080)	(1)	-	(58,080)	(0)	-	-	-	-	-	-	-
31	기타제품	-	-	-	-	-	-	-	-	-	-	-	-	-	-	-
	매출 합계	(37,000)	(0)	-	(95,080)	(1)	-	(58,080)	(0)	-	-	-	-	-	-	-
	단가차이	37,000			95,080			58,080			-			-		

명성산업㈜

월별 제조원가 차이 현황표

제조원가 현황	2016	1	2	3	4	5	6	7	8	9	10	11	12
	실적 +추정	실적	실적	실적	실적	실적	실적	실적	추정	추정	추정	추정	추정
구분													
인건비	(53,858)	(53,858)	0	0	0	0	0	0	0	0	0	0	0
인건비(퇴직금)	(5,773)	0	0	0	0	0	0	(5,773)	0	0	0	0	0
의보및 복리후생비	0	0	0	0	0	0	0	0	0	0	0	0	0
수도광열비	(44,449)	(15,721)	(15,721)	(13,006)	0	0	0	0	0	0	0	0	0
통신비	0	0	0	0	0	0	0	0	0	0	0	0	0
수선비	0	0	0	0	0	0	0	0	0	0	0	0	0
여비교통비	0	0	0	0	0	0	0	0	0	0	0	0	0
차량유지비	0	0	0	0	0	0	0	0	0	0	0	0	0
접대비	0	0	0	0	0	0	0	0	0	0	0	0	0
보험료	0	0	0	0	0	0	0	0	0	0	0	0	0
지급수수료	0	0	0	0	0	0	0	0	0	0	0	0	0
임대료	0	0	0	0	0	0	0	0	0	0	0	0	0
세금과 공과	0	0	0	0	0	0	0	0	0	0	0	0	0
소모품 비	0	0	0	0	0	0	0	0	0	0	0	0	0
포장비	0	0	0	0	0	0	0	0	0	0	0	0	0
기타	0	0	0	0	0	0	0	0	0	0	0	0	0
외주가공비	0	0	0	0	0	0	0	0	0	0	0	0	0
운반비	0	0	0	0	0	0	0	0	0	0	0	0	0
감가상각비	0	0	0	0	0	0	0	0	0	0	0	0	0
대손 금	0	0	0	0	0	0	0	0	0	0	0	0	0
	0	0	0	0	0	0	0	0	0	0	0	0	0
	0	0	0	0	0	0	0	0	0	0	0	0	0
	0	0	0	0	0	0	0	0	0	0	0	0	0
	0	0	0	0	0	0	0	0	0	0	0	0	0
	0	0	0	0	0	0	0	0	0	0	0	0	0
	0	0	0	0	0	0	0	0	0	0	0	0	0
	0	0	0	0	0	0	0	0	0	0	0	0	0
합계 금액	(104080)	(69579)	(15721)	(13006)	0	0	0	(5773)	0	0	0	0	0

명성산업㈜

월별 일반경비 차이 현황표

일반관리비	2016	1	2	3	4	5	6	7	8	9	10	11	12
	실적 +추정	실적	실적	실적	실적	실적	실적	실적	추정	추정	추정	추정	추정
구분													
인건비	0	0	0	0	0	0	0	0	0	0	0	0	0
인건비(퇴직금)	0	0	0	0	0	0	0	0	0	0	0	0	0
의보 및 복리후생비	0	0	0	0	0	0	0	0	0	0	0	0	0
복리후생비	0	0	0	0	0	0	0	0	0	0	0	0	0
통신비	0	0	0	0	0	0	0	0	0	0	0	0	0
수선비	0	0	0	0	0	0	0	0	0	0	0	0	0
여비교통비	2,675	756	756	1,162	0	0	0	0	0	0	0	0	0
차량유지비	0	0	0	0	0	0	0	0	0	0	0	0	0
접대비	0	0	0	0	0	0	0	0	0	0	0	0	0
보험료	0	0	0	0	0	0	0	0	0	0	0	0	0
지급수수료	0	0	0	0	0	0	0	0	0	0	0	0	0
임대료	0	0	0	0	0	0	0	0	0	0	0	0	0
세금과 공과	0	0	0	0	0	0	0	0	0	0	0	0	0
소모품 비	0	0	0	0	0	0	0	0	0	0	0	0	0
샘플 및 개발비	0	0	0	0	0	0	0	0	0	0	0	0	0
운반비	0	0	0	0	0	0	0	0	0	0	0	0	0
판매수수료	0	0	0	0	0	0	0	0	0	0	0	0	0
광고선전비	0	0	0	0	0	0	0	0	0	0	0	0	0
감가상각비	0	0	0	0	0	0	0	0	0	0	0	0	0
리스료	0	0	0	0	0	0	0	0	0	0	0	0	0
	0	0	0	0	0	0	0	0	0	0	0	0	0
	0	0	0	0	0	0	0	0	0	0	0	0	0
	0	0	0	0	0	0	0	0	0	0	0	0	0
	0	0	0	0	0	0	0	0	0	0	0	0	0
	0	0	0	0	0	0	0	0	0	0	0	0	0
	0	0	0	0	0	0	0	0	0	0	0	0	0
	0	0	0	0	0	0	0	0	0	0	0	0	0
합계금액	2,675	756	756	1,162	-	-	-	-	-	-	-	-	-

명성산업㈜

예산 과 실적 차이 분석(Bridge)

7 월까지 실적 +5 개월 추정   단위 천원

	예산	7 월까지 실적 +5 개월 추정	차이	차이분석	
매출	65,613,975	64,657,135	(956,840)	판매수량 차이	(2,350,133)
				단가 차이	1,393,293
				자재비 변동으로 인한 판가 조정	0
				기타 사정으로 인한 판가 조정	0
				손익개선계획	0
				매출액 차이	(956,840)
영업이	14,172,473	14,314,235	141,762	판매수량차이로 인한 손익증감	(731,662)
				단가 차이	1,393,293
				예산 대비 인건비 차이	(25,261)
				예산대비 경비 차이	2,675
				손익개선계획	386,486
				감가상각비 차이	0
				원인불명 차이(검토하여 규명함)	(883,768)
				영업손익 차이	141,762

년간 손익개선계획

매출	-
재료비	139,011
제조인건비	124,392
관리인건비	43,083
제조경비	50,000
일반관리비	30,000
합계	386,486

명성산업㈜
월별 사전예측 관리분석 보고서

구분	7월 실적 (단위 천원)				8월 추정 (단위 천원)				년 합계 (실적+예측) (단위 천원)			
	7월				8월 추정				2016년도			
	매출	영업이익	EBITDA	현금흐름	매출	영업이익	EBITDA	현금흐름	매출	영업이익	EBITDA	현금흐름
실적+예측	5,249,118	1,101,885	1,199,448	-	5,905,258	1,303,576	1,401,139	-	64,657,135	14,314,235	15,484,984	-
예산	5,249,118	1,101,885	1,199,448	-	5,905,258	1,303,576	1,401,139	-	65,613,975	14,172,473	15,343,222	-
차이	-	-	-	-	-	-	-	-	(956,840)	141,762	141,762	-
판매수량차이												
2차전지	-	-	-	-	-	-	-	-	160,160	57,619	57,619	-
디스플레이	-	-	-	-	(37,000)	(13,333)	(13,333)	-	(369,000)	(132,965)	(132,965)	-
고굴절류 소재	(154,350)	(66,412)	(66,412)	-	-	-	-	-	(1,320,638)	(568,232)	(568,232)	-
축매	-	-	-	-	-	-	-	-	(820,655)	(88,085)	(88,085)	-
기타제품	-	-	-	-	-	-	-	-	-	-	-	-
수량차이 소계	(154,350)	(66,412)	(66,412)	-	(37,000)	(13,333)	(13,333)	-	(2,350,133)	(731,662)	(731,662)	-
가격차이												
자재인상으로 판가 인상	-	-	-	-	-	-	-	-	-	-	-	-
단가 인상	-	-	-	-	-	-	-	-	-	-	-	-
단가 인하	-	-	-	-	-	-	-	-	-	-	-	-
단가 조정 (일시적임)	-	-	-	-	-	-	-	-	-	-	-	-
기타 사유	-	-	-	-	-	-	-	-	-	-	-	-
판매 가격차이 소계	154,350	154,350	154,350	-	37,000	37,000	37,000	-	1,393,293	1,393,293	1,393,293	-
원자재 변동												
원자재 가격차이	-	-	-	-	-	-	-	-	-	-	-	-
엔지니어링 차이	-	-	-	-	-	-	-	-	-	-	-	-
수율 차이	-	-	-	-	-	-	-	-	-	-	-	-
기타 차이	-	-	-	-	-	-	-	-	-	-	-	-
원자재 변동 소계	-	-	-	-	-	-	-	-	-	-	-	-
실적 및 원가절감												
제조 간접노무 비 차이	-	(1,155)	(1,155)	-	-	-	-	-	-	(11,926)	(11,926)	-
제조간접비 차이	-	-	-	-	-	-	-	-	-	(13,335)	(13,335)	-
일반관리(인건비) 실적차이	-	-	-	-	-	-	-	-	-	-	-	-
일반관리(경비) 실적차이	-	-	-	-	-	-	-	-	-	2,675	2,675	-
감가상각비	-	-	-	-	-	-	-	-	-	-	-	-
실적 및 원가절감 소계	-	(1,155)	(1,155)	-	-	-	-	-	-	(22,586)	(22,586)	-
매출 증감 (손익개선계획)	-	-	-	-	-	-	-	-	-	-	-	-
재료비 증감 (손익개선계획)	-	-	-	-	-	-	-	-	-	139,011	139,011	-
제조인건비 증감(손익개선계획)	-	-	-	-	-	-	-	-	-	124,392	124,392	-
관리인건비 증감 (손익개선계호	-	-	-	-	-	-	-	-	-	43,083	43,083	-
제조경비증감 (손익개선 계획)	-	-	-	-	-	-	-	-	-	50,000	50,000	-
일반관리비 증감 (손익개선계획)	-	-	-	-	-	-	-	-	-	30,000	30,000	-
생산성실적 및 원가절감 소계	-	-	-	-	-	-	-	-	-	386,486	386,486	-
원자재 차이	-	-	-	-	-	-	-	-	-	-	-	-
인건비 변동	-	-	-	-	-	-	-	-	-	-	-	-
비용 절감	-	-	-	-	-	-	-	-	-	-	-	-
생산원가 절감	-	-	-	-	-	-	-	-	-	-	-	-
일시적인 차이	-	(86,783)	(86,783)	-	-	(23,667)	(23,667)	-	-	(883,768)	(883,768)	-
규명되지 않는 차이	-	-	-	-	-	-	-	-	-	-	-	-
기타 손익차이 소계	-	(86,783)	(86,783)	-	-	(23,667)	(23,667)	-	-	(883,768)	(883,768)	-
일시적인 조정 과 현금흐름 차이												
재고조정	-	-	-	-	-	-	-	-	-	-	-	-
투자 조정	-	-	-	-	-	-	-	-	-	-	-	-
자금관련조정	-	-	-	-	-	-	-	-	-	-	-	-
특별 비용 조정	-	-	-	-	-	-	-	-	-	-	-	-
기타	-	-	-	-	-	-	-	-	-	-	-	-
일시적인 조정차이 소계	-	-	-	-	-	-	-	-	-	-	-	-
차이 금액 규명	-	0	0	-	-	0	0	-	(956,840)	141,762	141,762	-

명성산업㈜

분기별 사전예측 관리분석 보고서

	Q3 (3 분기 실적) 단위 천원				Q4 (4 분기 예측) 단위 천원				2016 년도 (년 합계 (실적+예측)) 단위 천원			
	매출	영업이익	EBITDA	현금흐름	매출	영업이익	EBITDA	현금흐름	매출	영업이익	EBITDA	현금흐름
실적+예측	17,059,634	3,807,397	4,100,085	-	19,028,053	4,525,474	4,818,161	-	64,657,135	14,314,235	15,484,984	-
예산	17,059,634	3,709,038	4,001,726	-	19,028,053	4,319,324	4,612,011	-	65,613,975	14,172,473	15,343,222	-
차이	-	98,359	98,359	-		206,150	206,150	-	(956,840)	141,762	141,762	-
2차전지	(58,080)	(20,895)	(20,895)	-	(58,080)	(20,895)	(20,895)	-	160,160	57,619	57,619	-
디스플레이	(74,000)	(26,665)	(26,665)	-	-	-	-	-	(369,000)	(132,965)	(132,965)	-
고굴절류 소재	(154,350)	(66,412)	(66,412)	-	-	-	-	-	(1,320,638)	(568,232)	(568,232)	-
촉매	-	-	-	-	-	-	-	-	(820,655)	(88,085)	(88,085)	-
기타제품	-	-	-	-	-	-	-	-	-	-	-	-
수량차이 소계	(286,430)	(113,972)	(113,972)	-	(58,080) (116,160)	(20,895)	(20,895)	-	(2,350,133)	(731,662)	(731,662)	-
이론상의 영업이익	16,773,204	3,595,066	3,887,754	-	18,969,973	4,298,429	4,591,116	-	63,263,843	13,440,810	14,611,559	-
실적+예측 영업이익	17,059,634	3,807,397	4,100,085	-	19,028,053	4,525,474	4,818,161	-	64,657,135	14,314,235	15,484,984	-
차이	286,430	212,331	212,331	-	58,080	227,045	227,045	-	1,393,293	873,425	873,425	-
가격차이												
자재인상으로 판가 인상	-	-	-	-	-	-	-	-	-	-	-	-
단가 인상	-	-	-	-	-	-	-	-	-	-	-	-
단가 인하	-	-	-	-	-	-	-	-	-	-	-	-
단가 조정 (일시적임)	-	-	-	-	-	-	-	-	-	-	-	-
기타 사유	-	-	-	-	-	-	-	-	-	-	-	-
판매 가격차이 소계	286,430	286,430	286,430	-	58,080	58,080	58,080	-	1,393,293	1,393,293	1,393,293	-
환율변동												
원자재 변동												
원자재 가격차이	-	-	-	-	-	-	-	-	-	-	-	-
엔지니어링 차이	-	-	-	-	-	-	-	-	-	-	-	-
수율 차이	-	-	-	-	-	-	-	-	-	-	-	-
기타 차이	-	-	-	-	-	-	-	-	-	-	-	-
원자재 변동 소계	-	-	-	-	-	-	-	-	-	-	-	-
실적 및 원가절감												
제조 간접노무 비 차이	-	(1,155)	(1,155)	-	-	-	-	-	-	(11,926)	(11,926)	-
제조간접비 차이	-	-	-	-	-	-	-	-	-	(13,335)	(13,335)	-
일반관리(인건비) 실적차이	-	-	-	-	-	-	-	-	-	-	-	-
일반관리(경비) 실적차이	-	-	-	-	-	-	-	-	-	2,675	2,675	-
감가상각비	-	-	-	-	-	-	-	-	-	-	-	-
실적 및 원가절감 소계	-	(1,155)	(1,155)	-	-	-	-	-	-	(22,586)	(22,586)	-
매출 증감 (손익개선계획)	-	-	-	-	-	-	-	-	-	-	-	-
재료비 증감 (손익개선계획)	-	34,753	34,753	-	-	34,753	34,753	-	-	139,011	139,011	-
제조인건비 증감(손익개선계획)	-	31,098	31,098	-	-	31,098	31,098	-	-	124,392	124,392	-
관리인건비 증감 (손익개선계)	-	10,771	10,771	-	-	10,771	10,771	-	-	43,083	43,083	-
제조경비증감 (손익개선 계획)	-	12,500	12,500	-	-	12,500	12,500	-	-	50,000	50,000	-
일반관리비 증감 (손익개선계획)	-	7,500	7,500	-	-	7,500	7,500	-	-	30,000	30,000	-
생산성실적 및 원가절감 소계	-	96,622	96,622	-	-	96,622	96,622	-	-	386,486	386,486	-
원자재 차이	-	-	-	-	-	-	-	-	-	-	-	-
인건비 변동	-	-	-	-	-	-	-	-	-	-	-	-
비용 절감	-	-	-	-	-	-	-	-	-	-	-	-
생산원가 절감	-	-	-	-	-	-	-	-	-	-	-	-
일시적인 차이	-	(169,566)	(169,566)	-	-	72,343	72,343	-	-	(883,768)	(883,768)	-
규명되지 않는 차이	-	-	-	-	-	-	-	-	-	-	-	-
기타 손익차이 소계	-	(169,566)	(169,566)	-	-	72,343	72,343	-	-	(883,768)	(883,768)	-
일시적인 조정 과 현금흐름 차이												
재고조정	-	-	-	-	-	-	-	-	-	-	-	-
투자 조정	-	-	-	-	-	-	-	-	-	-	-	-
자금관련조정	-	-	-	-	-	-	-	-	-	-	-	-
특별 비용 조정	-	-	-	-	-	-	-	-	-	-	-	-
기타	-	-	-	-	-	-	-	-	-	-	-	-

명성산업㈜

분기별 실적과 추정손익계산서

계정과목		2016 예산		실적+추정		Q1 실적		Q2 실적		Q3 실적		Q4 추정	
매출	외부매출	65,613,975		64,657,135		14,134,374		14,435,075		17,059,634		19,028,053	
	내부매출	0		0		0		0		0		0	
	매출합계	65,613,975	100.0%	64,657,135	100.0%	14,134,374	100.0%	14,435,075	100.0%	17,059,634	100.0%	19,028,053	100.0%
매출원가	재료비	35,887,343	54.7%	35,243,113	54.5%	7,714,118	54.6%	7,860,463	54.5%	9,295,956	54.5%	10,372,577	54.5%
	재료비	35,887,343	54.7%	35,243,113	54.5%	7,714,118	54.6%	7,860,463	54.5%	9,295,956	54.5%	10,372,577	54.5%
	직접인건비	1,146,552	1.7%	1,109,003	1.7%	253,544	1.8%	287,458	2.0%	283,823	1.7%	284,177	1.5%
	간접인건비	674,257	1.0%	531,819	0.8%	118,005	0.8%	137,949	1.0%	139,847	0.8%	136,019	0.7%
	인건비	1,820,809	2.8%	1,640,822	2.5%	371,549	2.6%	425,407	2.9%	423,670	2.5%	420,196	2.2%
	감가상각비	936,600	1.4%	936,599	1.4%	234,150	1.7%	234,150	1.6%	234,150	1.4%	234,149	1.2%
	제조경비	6,926,213	10.6%	6,831,763	10.6%	1,549,885	11.0%	1,531,975	10.6%	1,781,413	10.4%	1,968,491	10.3%
	운반비	1,272,725	1.9%	1,272,725	2.0%	292,727	2.1%	280,000	1.9%	330,909	1.9%	369,090	1.9%
	감가상각 과 경비	9,135,538	13.9%	9,041,088	14.0%	2,076,762	14.7%	2,046,124	14.2%	2,346,471	13.8%	2,571,731	13.5%
매출원가 합계		46,843,689	71.4%	45,925,023	71.0%	10,162,429	71.9%	10,331,994	71.6%	12,066,097	70.7%	13,364,503	70.2%
매출총이익		18,770,286	28.6%	18,732,112	29.0%	3,971,946	28.1%	4,103,080	28.4%	4,993,536	29.3%	5,663,550	29.8%
	인건비	1,074,654	1.6%	1,031,571	1.6%	257,893	1.8%	257,893	1.8%	257,893	1.5%	257,893	1.4%
	감가상각비	234,150	0.4%	234,150	0.4%	58,537	0.4%	58,537	0.4%	58,537	0.3%	58,537	0.3%
	일반경비	3,289,010	5.0%	3,152,156	4.9%	735,089	5.2%	725,713	5.0%	869,709	5.1%	821,646	4.3%
	일반관리비	4,597,814	7.0%	4,417,877	6.8%	1,051,519	7.4%	1,042,143	7.2%	1,186,139	7.0%	1,138,076	6.0%
영업이익		14,172,472	21.6%	14,314,235	22.1%	2,920,426	20.7%	3,060,938	21.2%	3,807,397	22.3%	4,525,474	23.8%
	이자	815,583	1.2%	815,583	1.3%	236,695	1.7%	184,683	1.3%	209,491	1.2%	184,714	1.0%
	영업 외 손익	0	0.0%	0	0.0%	0	0.0%	0	0.0%	0	0.0%	0	0.0%
	영업외손익	815,583	1.2%	815,583	1.3%	236,695	1.7%	184,683	1.3%	209,491	1.2%	184,714	1.0%
세전손익		13,356,889	20.4%	13,498,652	20.9%	2,683,731	19.0%	2,876,255	19.9%	3,597,906	21.1%	4,340,760	22.8%
법인세 등		3,005,300	4.6%	3,037,197	4.7%	603,840	4.3%	647,157	4.5%	809,529	4.7%	976,671	5.1%
세후손익		10,351,589	15.8%	10,461,455	16.2%	2,079,892	14.7%	2,229,097	15.4%	2,788,377	16.3%	3,364,089	17.7%

	2016 예산	실적+추정	Q1	Q2	Q3	Q4
영업이익	14,172,472	14,314,235	2,920,426	3,060,938	3,807,397	4,525,474
EBITDA	15,343,222	15,484,984	3,213,114	3,353,625	4,100,085	4,818,161

명성산업㈜

추정 투자예산(계정과목별)

단위 천원

투자내역	2015 집행 완료투자	투자예산 2016 지출계획	실적 Q1	실적 Q2	실적 Q3	추정 Q4	투자예산 2016 합계
투자예산 총합계	0	6,900,000	3,080,000	20,000	3,500,000	300,000	6,900,000
토지	0	0	0	0	0	0	0
건물 및 구축물	0	5,000,000	2,500,000	0	2,500,000	0	5,000,000
구축물	0	0	0	0	0	0	0
기계 장치	0	0	0	0	0	0	0
공기구	0	900,000	80,000	20,000	800,000	0	900,000
집기 비품	0	0	0	0	0	0	0
전산 장비	0	0	0	0	0	0	0
차량운반 구	0	1,000,000	500,000	0	200,000	300,000	1,000,000
건설 가계정	0	0	0	0	0	0	0
영업권. 특허권 및 무형자산	0	0	0	0	0	0	0
임차 보증금	0	0	0	0	0	0	0

명성산업㈜

제품별 손익분석표 (실적+추정)

단위 천원

품번	제품명	수량	매출액	매출 구성%	재료비	매출 대비%	인건비	매출 대비%	감가상각	매출 대비%	제조경비	매출 대비%	운반비	매출 대비%	매출총이익	매출 대비%	일반관리비	매출 대비%	영업이익	매출 대비 %
1	2차전지	70	14,315,160	100.0%	7,417,856	51.8%	420,724	2.9%	202,945	1.4%	1,688,758	11.8%	297,009	2.1%	4,287,869	30.0%	1,071,702	7.5%	3,216,167	22.5%
2	디스플레이	89	9,300,000	100.0%	4,859,250	52.3%	238,410	2.6%	136,621	1.5%	982,918	10.6%	180,394	1.9%	2,902,407	31.2%	632,474	6.8%	2,269,933	24.4%
3	고굴절류 소재	333	27,523,125	100.0%	12,616,950	45.8%	645,110	2.3%	383,758	1.4%	2,757,885	10.0%	533,871	1.9%	10,585,552	38.5%	1,806,679	6.6%	8,778,874	31.9%
4	촉매	1,151	13,478,850	100.0%	10,476,743	77.7%	336,579	2.5%	213,276	1.6%	1,402,203	10.4%	261,451	1.9%	788,599	5.9%	907,022	6.7%	(118,423)	-0.9%
5		-	-	0.0%	0	0.0%	0	0.0%	0	0.0%	0	0.0%	0	0.0%	0	0.0%	0	0.0%	0	0.0%
6		-	-	0.0%	0	0.0%	0	0.0%	0	0.0%	0	0.0%	0	0.0%	0	0.0%	0	0.0%	0	0.0%
7		-	-	0.0%	0	0.0%	0	0.0%	0	0.0%	0	0.0%	0	0.0%	0	0.0%	0	0.0%	0	0.0%
합계		1,643	64,617,135	100.0%	35,370,798	54.7%	1,640,822	2.5%	936,599	1.4%	6,831,763	10.6%	1,272,725	2.0%	18,564,427	28.7%	4,417,877	6.8%	14,146,550	21.9%
	기타제품	3,000	40,000	100.0%	344,400	45.9%	68,175	9.1%	26,042	3.5%	69,616	9.3%	11,484	1.5%	229,983	30.7%	77,986	10.4%	151,997	20.3%
매출 합		4,643	64,657,135	100.0%	35,715,198	55.2%	1,708,997	2.6%	962,641	1.5%	6,901,380	10.7%	1,284,209	2.0%	18,794,410	29.1%	4,495,863	7.0%	14,298,547	22.1%

배부기준

1. 인건비는 제품에 투여된 인원비율로 배분

2. 감가상각비 는 매출비율과 설비비율을 50:50으로 감안하여 배분

3. 제조경비 는 매출비율과 인건비비율 그리고 설비비율 을 33:33:33 으로 감안하여 배분

4. 운반비 는 매출비율로 배분

5. 일반관리비 는 매출비율과 인건비비율을 50:50으로 감안하여 배분

명성산업㈜
손익개선 계획 (Recovery Plan)

단위 : 천원

No	계정과목	개선부서	내용	책임자	실현가능성 (R/Y/G)	실현가능성 %	완료시기	Q1 실적차이	Q2 실적차이	Q3 실적차이	Q4 추정차이	2016 합계	비고
1	매출	영업부	제품 A 거래처 판매단가 1,000 원 인상	이길종	Blue	100%	Dec-12	-3,522	-3,522	-3,522	-3,522	-14,088	='1*14088
2	매출	영업부	제품 J 거래처 판매단가 15,000 원 인상	이길종	Blue	100%	Dec-12	-50,145	-50,145	-50,145	-50,145	-200,580	=15*13372
3	매출	영업부	제품 L 거래처 판매단가 10,000 원 인상	이길종	Blue	100%	Dec-12	-23,435	-23,435	-23,435	-23,435	-93,740	=10*9374
4	매출	영업부	제품 KA 거래처 판매단가 10,000 원 인상	이길종	Yellow	70%	Dec-12	-6,175	-6,175	-6,175	-6,175	-24,700	=10*2470
5	매출	영업부	제품 H 거래처 판매촉진 250 개 증가	이길종	Red	50%	Dec-12	-16,250	-16,250	-16,250	-16,250	-65,000	=250*260
6	매출	영업부	제품 I 거래처 판매촉진 50 개 증가	이길종	Red	50%	Dec-12	-263	-263	-263	-263	-1,050	=50*21
7	매출	영업부	제품 H 거래처 판매촉진 100 개 증가	이길종	Yellow	65%	Dec-12	-16,200	-16,200	-16,200	-16,200	-64,800	=100*648
8													
9													
10													
11	재료비	구매부	제품 재료비 1,000 원 절감 (A)	구홍길	Green	90%	Dec-12	0	0	0	0	0	=1*14088
12	재료비	구매부	제품 재료비 1,000 원 절감 (C)	구홍길	Red	50%	Dec-12	0	0	0	0	0	=,1*17416
13	재료비	구매부	제품 재료비 1,000 원 절감 (D)	구홍길	Green	90%	Dec-12	0	0	0	0	0	='1*16219
14	재료비	구매부	제품 재료비 1,000 원 절감 (E)	구홍길	Yellow	65%	Dec-12	0	0	0	0	0	='1*8258
15	재료비	구매부	제품 재료비 1,000 원 절감 (F)	구홍길	Green	90%	Dec-12	0	0	0	0	0	=1*15295
16	재료비	구매부	제품 재료비 1,000 원 절감 (G)	구홍길	Green	90%	Dec-12	0	0	0	0	0	=1*14326
17	재료비	구매부	제품 재료비 1,000 원 절감 (I)	구홍길	Green	90%	Dec-12	0	0	0	0	0	=1*8820
18	재료비	구매부	제품 재료비 1,000 원 절감 (J)	구홍길	Yellow	65%	Dec-12	0	0	0	0	0	=1*13372
19	재료비	구매부	제품 재료비 1,000 원 절감 (K)	구홍길	Yellow	65%	Dec-12	0	0	0	0	0	=1*10673
20	재료비	구매부	제품 재료비 1,000 원 절감 (L)	구홍길	Green	90%	Dec-12	0	0	0	0	0	=1*9374
21	재료비	구매부	제품 재료비 1,000 원 절감 (KA)	구홍길	Green	90%	Dec-12	0	0	0	0	0	=1*2470
22	재료비	구매부	제품 재료비 1,000 원 절감 (KC)	구홍길	Yellow	65%	Dec-12	0	0	0	0	0	=1*5200
23	재료비	구매부	제품 재료비 1,000 원 절감 (KD)	구홍길	Green	90%	Dec-12	0	0	0	0	0	=1*3500
24								0	0	0	0	0	
25								0	0	0	0	0	
26	제조인건비	생산부	추가 수율 향상	양춘섭	Green	90%	Dec-12	0	0	0	0	0	=5%*248784
27	관리인건비	인사.총무부	인원 및 수당조정 원가절감	이상길	Green	90%	Dec-12	0	0	0	0	0	=1.2%*46718
28													
29													
30	제조경비	관리부	광고선전비-광고대리점 재계약	구명섭	Blue	100%	Dec-12	0	0	0	0	0	
31	제조경비	관리부	전문직수수료-고문변호사 . CONSULTING 비 절가	구명섭	Yellow	80%	Dec-12	0	0	0	0	0	
32	제조경비	생산부	운반비- 적재방법개선	양춘섭	Blue	100%	Dec-12	0	0	0	0	0	
33	일반관리비	관리부	통신비- 시외전화/국제전화 절감	구명섭	Green	90%	Dec-12	0	0	0	0	0	
34	일반관리비	재무부	대손 금- 일부 회수계획, 절감	구명섭	Green	90%	Dec-12	0	0	0	0	0	
35													
36													
	손익 개선계획 합계							- 115,990	- 115,990	- 115,990	- 115,990	- 463,958	

부 록

예산작성 전문가(Budget Plan Builder)

금문교는 태평양 바다를 가운데 두고 떨어져 있는 샌프란시스코의 두 지역을 직선 거리로
연결하여 샌프란시스코의 물류와 산업발전에 획기적인 전기를 마련한 계기가 되었습니다.
필자는 금문교를 방문하여 휴대폰으로 직접 촬영 후 표제의 상징으로 삼고 기업의 예산관리로
획기적인 기업발전에 예산이란 다리의 금문교 역할을 자임하고 직접 설계, 제작 하였습니다.
http://cafe.naver.com/ceobible

상기의 6가지 예산 프로그램은 소기업부터 중견기업까지 사용할 수 있는 다양한 형태의 예산 소프트웨어로, 저자가 개발하고 직접 프로그래밍하여 어느 기업체이든 자신에게 맞는 프로그램을 선택하여 용이하게 사용할 수 있는 예산 지원 툴이다. 기업의 실제적인 예산 작업에 기여할 수 있는 예산작성 프로그램은 누구나 실무에서 쉽게 사용할 수 있도록 엑셀로 개발되었으며, http://cafe.naver.com/ceobible에서 무료 혹은 실비로 다운로드해 원하는 용도에 따라 선택하여 사용할 수 있다. 본 예산작성 프로그램은 예산 작업을 하는 실무자 및 경영자에게 획기적인 예산 지원 툴로서 기업의 특성에 맞추어 맞춤서비스(customization)도 요청에 의거 실비로 제공할 계획이다.